Melodie de Jager
y Liz Victor

DISCARD

JUEGA
APRENDE
DESCUBRE

Un niño es un ser en evolución

editorial juventud
www.editorialjuventud.es

Muchas gracias a nuestros modelos por su excelente trabajo:

James Douglas; Pieter Vorster; Fransien Els; Adrian Ehlers; Peter Geldenhuys; Xander Kilian; Leila Janse van Vuuren; Nieke Slabert; Thor Bester; Daniel Kelbrick; Lara Ferreira; Helaine Botha; Kevin Olsen; Lourens Grobler; Jene Grobler; Strauss van der Merwe; Juan– Dian van Wyk; Mieke Nel; Stef Venter; Juné Badenhorst; Connor McIvy; Wiid van Wyk; Chene van Vuuren; Imke Barnard; Anika Vosloo; Lea Lamprecht; Zani Prinsloo; Isabel de Souza; Rupert Jansen van Vuuren; Anika Barnard; Lisa van Wyk; Mika Ferreira; Megan van der Nest; Aldo van Rensburg; Leo van Rensburg; Tiara Sana; Darshan Thakordas; Jaekyeom Lee; Alexi Camphor; Josh Jacobs; Ninah Winterbach; Lauhan Winterbach; Jamie-Lee Rode; Ntsika Sazona; Pennie

Título original: PLAY LEARN KNOW
Copyright texto © 2013 Melodie de Jager & Liz Victor
Edición publicada en acuerdo con Metz Press, 2013
© EDITORIAL JUVENTUD, S. A., 2014
   Provença, 101 - 08029 Barcelona
   info@editorialjuventud.es
   www.editorialjuventud.es

Traducido por ISIDRO GARCÍA GETINO

Primera edición en esta colección, 2014
ISBN 978-84-261-4176-7
DL B 20806-2014
Núm. de edición de E. J.: 12.886
Gráficas Soler, Enric Morera, 15
08950 Esplugues de Llobregat (Barcelona)
Printed in Spain

Para crecer sano, un niño necesita sentirse protegido, aceptado y querido.

Necesita descubrir su propio cuerpo y lo que puede sentir y hacer.

Necesita experimentar con las personas, la textura de los alimentos, y el olor y el tacto de los animales.

Necesita descubrir y aprender acerca de cazos y sartenes, de la hierba y el mar.

Necesita maravillarse al ver que la arena cambia de forma cuando la echa desde un cubo o cuando el agua se convierte en hielo.

Necesita tiempo para fundirse en la maravilla de la naturaleza con sus ciclos y sus ritmos.

Necesita experimentar la vida para formar parte de la vida.

Necesita tiempo para ser niño antes de que finalmente deje atrás la niñez

Por favor, contente un poco antes de presionarle para rendir...

Contenidos

Introducción

El psicólogo infantil de renombre mundial Dr. David Feuerstein dijo en una ocasión que el niño realmente solo necesita tres cosas para desarrollarse: • un adulto cariñoso • que le abra el mundo • y le dé sentido.

Ser un adulto cariñoso es fácil cuando...
- haces de la actividad diaria un juego interactivo
- buscas tiempo para divertiros juntos
- juegas con el niño y no le dejas con el ordenador y los libros como compañeros de juego *(jugar es como gozar de una deliciosa comida con la familia o los amigos, en cambio el ordenador y los libros son como mirar una foto de comida; se puede disfrutar con ambas cosas pero la calidad de las experiencias no se puede comparar)*
- no eres el coordinador del entretenimiento del niño (necesita tiempos tranquilos y en solitario para desarrollar su creatividad e iniciativa)
- cuidas de no sobrecargar al niño con actividades (más no es mejor)
- asignas tiempos tranquilos y tiempos para descansar, no tiempos de TV
- eres selectivo con la TV y los juegos electrónicos, pues muy fácilmente podrían convertirse en el padre pasivo de tu niño
- no te sientes presionado a forzar al niño a obtener resultados
- te mantienes firme, coherente y cariñoso.

La manera en que interactúas con tu hijo tiene un efecto real sobre su actitud hacia sí mismo, el mundo, la gente y también su habilidad para aprender. Lo que sucede entre tú y tu hijo moldea su cuerpo, sus emociones y su mente, así como la confianza con la que él se abre al mundo y le da significado.

Abrir el mundo y darle significado es fácil cuando te das cuenta de que el niño se adaptará al mundo solo en la medida en que tú le hayas enseñado a hacerlo. ¿Te has preguntado alguna vez por qué a todos los niños les gustan las mismas cosas: las llaves, el móvil, el bolso de mamá, el mando a distancia? Es porque tú las utilizas continuamente. Ellos piensan que si las manejan también serán como tú: pertenecerán a tu mundo.

Puedes ayudarle a hacerlo exponiéndole la vida cotidiana: nombra las cosas que tocas, explica lo que ocurre alrededor, muéstrale cómo funcionan las cosas, proporciónale oportunidades para descubrir y aprender, para moverse y hacer preguntas libremente. No necesitas saber todas las respuestas; enséñale desde pequeño a buscar respuestas por sí mismo, por ejemplo en Internet y en los libros.

Juega-Aprende-Descubre es una guía para ayudarte a trazar el desarrollo de tu niño. No es una lista de control o un horario para ir marcando y rellenando de forma arbitraria; es un mapa de carreteras para guiarte a lo largo de su desarrollo. No tiene indicaciones de edad porque cada niño se desarrolla a su propio ritmo. El desarrollo del niño no es una carrera para «llegar el primero». Es un viaje durante el cual hay que desarrollar habilidades, descubrir conocimientos y disfrutar de miles de experiencias a lo largo del camino que prepara para la escolaridad.

Ayuda a moldear el cuerpo, el corazón y la mente de tu hijo de forma cariñosa y reflexiva.

Criar un niño es moldear una vida. Se trata de un viaje con un claro objetivo en mente: llegar a no ser tan necesario como padre...

Capítulo 1

Desarrollo integral del niño

La carrera ha comenzado… ¿o no?

Desgraciadamente, la carrera para hacer bien las cosas comienza en el momento de nacer. Los bebés son calificados según una escala desde el primer minuto de sus vidas. Los padres primerizos a menudo dicen cosas como: «¡El pequeño Juan es muy inteligente, tuvo un APGAR de 10/10!». Pero ¿qué ocurre con los padres de un niño que tiene el APGAR con una baja puntuación? Frecuentemente en la segunda prueba es más alta, entonces los padres se relajan. Sin embargo, el APGAR es una prueba necesaria, ya que valora si tu bebé puede sobrevivir de forma independiente al nacer, o bien necesita intervención médica.

Lamentablemente las «puntuaciones» y las «comparaciones» alcanzan su punto álgido cuando se reúne un grupo de padres. Si Internet, los libros o las tablas con los hitos del desarrollo dicen que el bebé puede rodar a las 10 semanas, los padres ansiosos comienzan a inquietarse porque su pequeño no lo ha hecho a la semana 12. Inevitablemente se encuentran a sí mismos observando a otros bebés, comparando y espoleando a su bebé. En esta carrera, no siempre el que lo hace todo el primero es el que llega más lejos al final, y el que parece que va siempre detrás rezagado no necesariamente es el que va a estar sentenciado al apoyo escolar.

La realidad sobre este asunto es que en la práctica no sabemos cómo medir la inteligencia de los niños pequeños porque aún no son verbales, no hablan. Lo que sí podemos hacer es evaluar sus destrezas motrices y comunicativas.Cualquiera que haya pasado tiempo con bebés sabe que cada uno de ellos se desarrolla a su propio paso. No han estudiado las tablas de los hitos del desarrollo y no saben que necesitan rodar hacia la semana 10 o gatear a los nueve meses. Lo harán cuando sus músculos se hayan fortalecido lo suficiente, y puedan tener el control y la coordinación de sí mismos en la medida que lo necesiten para realizar la tarea que se traen entre manos, como puede ser rodar, gatear, hablar o caminar.

Comienza el viaje

El desarrollo del niño es un gozoso viaje de descubrimiento, aventuras, retos y errores. Hasta que un buen día, destreza a destreza, todo sale y lo consigue. ¡El niño camina! ¡Dibuja sin mover la lengua o la mandíbula! ¡Hace su primer amigo! ¡Monta en bicicleta! Y así todas y cada una de las destrezas que necesita el niño exigen tiempo y oportunidades para repetir, repetir y repetir una y otra vez hasta que sus sentidos, su cableado cerebral, su fuerza muscular y su memoria muscular unen sus fuerzas para manejar una destreza; solo para empezar de nuevo con la siguiente destreza. Cada una de las destrezas es un pequeño paso más en el camino hacia su independencia.

INDEPENDENCIA

¿El objetivo de criar un niño es que llegue a ser independiente? Sí, todo lo que decimos, planificamos, hacemos y mostramos apunta hacia lograr una mayor independencia. Como padres, nuestro objetivo es su independencia, puesto que un niño independiente puede crecer y brillar con éxito en cada paso en la vida. Lo contrario a un niño independiente es aquel cuya madre dice:«Estamos construyendo un puzle de cuatro piezas», «Podemos montar en triciclo», «Hemos terminado toda la cena» o «No nos gusta la comida con grumos».

Lo más difícil de la independencia para una madre (y para un padre) es que el niño va a avanzar sin ti (después de todo lo que tú has hecho). Pero así es como debe ser. Criar un niño y moldear una vida significa contribuir con años de dar generosamente sin expectativa o, más precisamente, con muy poca expectativa de recompensas. Es así y merece la pena.

Cuando moldeas bien una vida, estás contribuyendo también a un futuro mejor. ¡Puedes hacerlo!

¿QUIÉN ES «NOSOTROS»?

Linda aprendió lo que significa «nosotros» en vez de independencia cuando sufrió un ataque al corazón. Ella era una de esas madres que hacen que las demás nos sintamos ineptas. La ropa de sus hijos nunca tenía un roto, ni recosidos ni botones perdidos. Sus hijos nunca tenían que preguntarse lo que era mejor para ellos porque sabían que mamá lo sabía. Ni sus hijos ni su marido se despertaban nunca sin un cariñoso beso en la frente y un vaso de su bebida preferida en las manos de Linda. Nada era fastidioso para ella (cada mañana la ropa de su marido estaba preparada sin que hubiese nada que no combinase perfectamente). Siempre comían comidas caseras recién preparadas, y siempre que hablaba Linda empezaba por «nosotros».

Cuando Linda volvió en sí en el hospital, pasados unos días después del ataque al corazón, quedó conmocionada al ver a su familia. Estaban destrozados. No sabían pensar ni elegir ni tomar decisiones, su «cerebro» estaba en el hospital. Llegaban siempre tarde y de cualquier forma porque nadie les preparaba la ropa; y para entonces, el repuesto de ropa limpia y bien planchada se había agotado. Las comidas eran una experiencia llorosa porque la comida para llevar puede ser interesante de vez en cuando, pero no sabe como la que hace mamá y no les dejaba con esa sensación de calor y bienestar internos. Y además, mamá sabía que Jeny no comía tomate, guisantes ni pan, y que los huevos le sentaban mal. El resultado era que los niños tenían miedo a salir de casa porque su «cerebro» estaba en el hospital y ellos no sabían cómo abordar nuevas situaciones. El constante estado de infelicidad y ansiedad también estaba minando su sistema inmunológico, sus narices empezaron a moquear y a papá se le acabaron los pañuelos de papel. Pero ¿dónde guarda mamá los repuestos de pañuelos…?

Tras una triste y abrumadora visita, la siempre dispuesta Linda reflexionó sobre la situación. Se dio cuenta de que había atado a su familia a sus faldas. Les había hecho totalmente dependientes de ella y solo de ella. De hecho se había vuelto insustituible; se había otorgado el control absoluto.

En ese momento, Linda se dio cuenta de que había fallado como madre porque sus hijos (y su marido) tenían serias dificultades para sobrevivir sin ella. Había creado un precioso «nosotros» (aunque eso no era del todo malo, ya que estaban todos muy unidos), pero Linda sintió que había fracasado porque nunca se había enfocado en el objetivo principal de la paternidad: la independencia de los hijos. Y esa independencia implica decir: «Tengo fe en vuestra habilidad para hacerlo por vosotros mismos. Podéis hacerlo. No importa que os equivoquéis o que rompáis algo o causéis un estropicio; todo es parte del aprendizaje. Al fin y al cabo estáis aprendiendo a hacerlo vosotros y a arreglarlo vosotros mismos. Podéis hacerlo».

Tomar la decisión de tener un hijo es trascendental. Es decidir, para siempre, tener a tu corazón deambulando fuera de tu cuerpo.

ELIZABETH STONE

Si crías a tus hijos de modo que sientan que pueden lograr cualquier objetivo o tarea que se propongan, habrás tenido éxito como padre y habrás dado a tus hijos el mayor don.

BRIAN TRACEY

Criar un hijo y moldear una vida

El desarrollo de un niño se puede comparar con la construcción de una casa.

DESARROLLO FÍSICO

Los cimientos de la casa son el cableado básico del cuerpo que conecta el cerebro con los sentidos y los músculos. Este cableado es necesario para la supervivencia e indica a tu pequeño si está seguro o si necesita luchar, huir o quedarse inmóvil. Así pues, los cimientos de la casa son el desarrollo físico, y el desarrollo físico consiste en el cableado de los sentidos (sentido del tacto, el olfato, el gusto, el oído y la visión). Pero los sentidos sin los músculos para luchar, para huir o paralizarse, no bastan. El desarrollo físico consiste también en todos los movimientos musculares básicos: los movimientos reflejos (la respiración y el latido del corazón, por ejemplo), los movimientos básicos y las reacciones posturales. En los cimientos no existe ni el pensamiento ni el sentimiento; pero comer, dormir, estar seguro y suficientemente abrigado sí viven allí. Todo se refiere al yo: mi cama y mi mamá, mis juguetes, lo que quiero y lo que necesito. No es la parte más «bonita» del desarrollo del niño, pero es muy necesaria, ya que construir los cimientos es un largo y tortuoso proceso con muchas vueltas. Sin embargo, todas y cada una de las destrezas sensomotrices que llegue a dominar son elementos esenciales en el conjunto del desarrollo del niño, y todas las demás destrezas van a construirse sobre el cableado creado durante el desarrollo físico.

SENSOMOTRIZ: senso = sentidos, motriz = músculos.

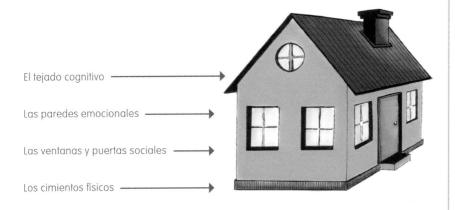

El tejado cognitivo

Las paredes emocionales

Las ventanas y puertas sociales

Los cimientos físicos

DESARROLLO EMOCIONAL

Cuando el niño ha pasado tiempo suficiente descubriendo sus sentidos y todos los movimientos que puede realizar su cuerpo, necesita aprender sobre el control. Lo hace progresando hacia movimientos más complejos (aprendiendo a rodar, sentarse y más adelante gateando por todas partes). Cuando el niño ha alcanzado el gateo, ha llegado a la planta baja de la casa metafórica. La planta baja tiene paredes y las paredes proporcionan sensación de seguridad. Las paredes simbolizan el desarrollo emocional y las emociones de la casa, autoestima, confianza, inmunidad y salud. Estos sentimientos se desarrollan a medida que mamá y papá alientan al bebé cuando sus movimientos se hacen más complejos. Los movimientos que tienen lugar en la planta baja son actividades típicamente humanas y adquisiciones que merecen ser celebradas: gatear, separar el pulgar de los otros dedos para agarrar y manejar objetos, emitir sonidos variados aunque no palabras todavía, y también erguirse en posición de pie y luego caminar con facilidad. Desde la perspectiva del desarrollo, la planta baja del edificio enlaza el desarrollo físico con el desarrollo emocional; una fase que es vital antes de que el niño haga amigos y se relacione con los demás.

DESARROLLO SOCIAL

Solamente cuando el niño ha tenido tiempo suficiente de «yo» (rodeado de seguridad por las protectoras paredes de la casa), estará preparado para el tiempo de «nosotros», que es lo esencial del desarrollo social. Cuando ha tenido suficiente tiempo de «yo», estará dispuesto a abrir las ventanas y las puertas en las paredes de la casa porque estará preparado para relacionarse socialmente. Esas ventanas y puertas simbolizan el desarrollo social.

El cuerpo humano fue diseñado para moverse. Son las experiencias del movimiento temprano las que ponen los cimientos de todo lo que sigue

CHARLES KREBBS

TIEMPO DE «YO»

Tiempo de «YO» significa que el mundo gira alrededor del MÍ. Yo soy la persona más importante del mundo. Mis necesidades son lo primero. Quiero sentirme especial y sentir que solo me quieres a mí. No quiero competir por atenciones: todas para mí. No quiero compartir, todo es mío.

El tiempo de «nosotros» trata del sentido de pertenencia, formar parte de una familia o un grupo. Pertenecer no es cosa fácil; significa que no puedo hacer lo que quiero todo el tiempo. Tengo que compartir y esperar. Tengo que guardar mi turno. Tengo que mirar y comportarme como el resto para encajar en el grupo.

Cuando un niño tiene unos tres años su vocabulario ha aumentado, al mismo tiempo que la habilidad para razonar, para esperar y para compartir. Por esto es el momento ideal para convertirse en parte de un grupo.

Si un niño tiene que ir a la guardería desde muy corta edad, tendrá que aprender acerca de «NOSOTROS» antes de haber tenido tiempo suficiente de «yo». Es posible, pero no es fácil. En estos casos, los padres deben buscar ratos especiales de tiempo de «yo», no tiempo para «malcriar», sino tiempo de «yo» con sus pequeños que tienen que desarrollar «nosotros» antes de tener suficiente «yo».

Todas las actividades de este libro pueden ser utilizadas para hacer especial el tiempo de «yo». No es recomendable que el niño sea colmado de regalos, es suficiente que tenga ratos de atención exclusiva; hacer cosas juntos (como cocinar), y que las actividades diarias como el baño o acostarse sean algo especial.

Señales de alerta cuando un pequeño no tiene suficiente tiempo de «yo»: puede chuparse el pulgar o la ropa; se amarra a su mantita, su peluche, su profe, su cuidadora, etc. para reforzar su cerebro emocional. Mojar la cama se convierte en un problema y el biberón continúa más tiempo del necesario. Dado que puede carecer aún de palabras para expresar sus necesidades, puede morder, pellizcar o dar puñetazos en su lucha por la supervivencia. No es que sea malo, está pidiendo un extra de tiempo de «yo» positivo.

DESARROLLO COGNITIVO

Los cimientos, el piso bajo y el tejado están conectados por medio de un ascensor que solamente puede llegar al tejado si los cimientos y el piso bajo son sólidos. El ascensor representa la columna vertebral del niño y el tejado su desarrollo cognitivo. Solamente podrá acceder a su «cerebro inteligente» si su desarrollo físico, emocional y social han quedado firmemente establecidos, su columna es recta y puede mantener su cuerpo erguido y firme durante un tiempo acorde con su edad. El niño cablea el ascensor y su cerebro cognitivo dedicando el mayor tiempo posible a saltar sobre una pierna, brincar, galopar, saltar a la comba, etc. Haciendo todo eso transforma la motricidad gruesa en motricidad fina, lo que le prepara para pintar y dibujar con más precisión, pegar, recortar y otras expresiones de creatividad.

El desarrollo cognitivo coincide con el desarrollo del lenguaje porque solo el tejado contiene palabras y la habilidad de nombrar las cosas. Ahora está preparado para desarrollar su mente y todas las habilidades necesarias para iniciar la escolaridad (conceptos tales como colores, formas, números, días de la semana, nociones espaciales tales como «delante» o «en medio», términos matemáticos como «más» o «menos», «primero» o «último», percepción de formas, etc.). Una vez que está en el tejado, puede incluso poner nombre a todas las sensaciones que su piel, nariz, boca, oídos y ojos están enviándole, de forma que sea capaz de decir «El limón amarillo sabe ácido».

El desarrollo cognitivo se produce a saltos y se estabiliza cuando el niño aprende a controlar, detenerse por un tiempo acorde a su edad y hablar con claridad.

El movimiento es clave

Como padres queremos solamente lo mejor para nuestros hijos. No obstante, por desgracia, contribuimos muchas veces a crear problemas de aprendizaje más adelante, por ser «demasiado buenos». Es una afirmación muy osada, ¡lo sé! Pero hay muchos estudios e investigaciones que nos dicen que la repetición de movimientos ayuda a fortalecer el sistema nervioso que conecta el cerebro y el cuerpo.

El movimiento es una parte esencial de la vida, desde la concepción hasta la muerte. La experiencia que tiene el niño con el movimiento va a jugar un importante papel en formar su personalidad, sus sentimientos y sus logros. La habilidad para leer, escribir y para las matemáticas se construye sobre la relación existente entre el cerebro y el cuerpo.

¿CÓMO DIFICULTAMOS LAS OPORTUNIDADES DE MOVIMIENTO DE NUESTROS BEBÉS Y NIÑOS?

Los 14 primeros meses de la vida del niño están dedicados a ponerse en movimiento e irse transformando en un ser físico, sensible y que se mueve. Los niños se desarrollan de arriba abajo (ley céfalo-caudal) y de dentro hacia afuera (ley próximo-distal), por esta razón, el primer paso para ponerse en movimiento es fortalecer los músculos del cuello. Debido a la campaña para que los bebés duerman sobre la espalda, muchos padres tienen miedo de colocar a su bebé boca abajo para dormir porque existe un mayor riesgo del Síndrome de Muerte Súbita Infantil, SIDS (por sus siglas en Inglés), cuando el bebé duerme boca abajo. Pero esto no es así cuando el bebé está despierto y jugando. Colocar al bebé boca abajo (con supervisión, por supuesto) le permite fortalecer los músculos del cuello y enderezar la cabeza y mantenerla en equilibrio. Una vez que domina el control del cuello, puede empezar a trabajar sobre los músculos centrales y progresar hasta rodar sobre sí mismo, que es cuando se desplaza por primera vez.

Limitar el tiempo de libre movimiento de los bebés con restricciones tales como sillitas y andadores, dificulta su desarrollo natural y puede retrasar el rodar y el gatear. Cuando aún no están preparados para sentarse y los sentamos con apoyos, les estamos privando de la oportunidad y la habilidad para fortalecer sus propios músculos mientras aprenden a mantener el equilibrio. Es como ir al gimnasio y quedarte tumbado en la colchoneta: no vas a conseguir ningún resultado.

Para proporcionarle el mejor comienzo físico debemos dejar que nuestro pequeño luche contra la gravedad, porque es esta lucha la que le impulsa hacia el siguiente hito del desarrollo. No se trata simplemente de un logro, sino de un enlace neurológico en su cerebro.

En su lucha radica su libertad.

Capítulo 2

Desarrollo físico

El camino hacia la independencia física es largo y tortuoso, pero cada destreza dominada es un elemento esencial en el conjunto del desarrollo del niño, porque todas las destrezas subsiguientes se construyen sobre el cableado establecido durante el desarrollo físico.

El desarrollo físico viene a ser como los cimientos del desarrollo del niño y se asienta sobre ladrillos y cemento para que sea estable: el desarrollo de los sentidos (ladrillos) y el desarrollo de los músculos (cemento). Cualquier grieta que se produzca mientras se están construyendo los cimientos, va a repercutir en toda la casa: las emociones, hacer amigos, el habla y la preparación para la escolaridad. Merece la pena dedicar tiempo, jugando de forma divertida, a desarrollar cada sentido y a dominar cada músculo en secuencia de forma que el resto se construya sobre cimientos sólidos y estables.

LOS CIMIENTOS:

El tacto, succionar, la autosatisfacción, el olfato y el gusto, escuchar la voz de mamá, ver de cerca, reconocer a papá, tocar golpeando con la mano, escuchar el lenguaje, ver periféricamente, tocar con toda la mano, saborear alimentos sólidos, identificar y reconocer diferentes sonidos, mejorar la coordinación de los dos ojos, disfrutar de diferentes olores y sabores, reconocer la dirección de los sonidos, los oídos y los ojos cruzan la línea media, los pies aprecian texturas, mejora la agudeza visual, la coordinación ojo-mano, mejora la coordinación ojo-pie, el procesamiento auditivo, percibe olores y sabores, la percepción auditiva, la percepción visual, cruzar las líneas medias sensoriales, procesamiento multisensorial

Desarrollo sensorial

Los sentidos ponen en marcha el cerebro y los músculos para la acción, pero como es muy difícil para los padres trazar o medir el desarrollo de los sentidos, es mucho más conocido el desarrollo motriz o de los músculos. ¡Con los músculos es fácil! Puede hacerlo o no puede hacerlo.

El camino del desarrollo sensorial es una aventura de descubrimiento. En él, el niño descubre cómo:

- siente las cosas utilizando diferentes partes de su cuerpo: desde tocarlas con la boca hasta tocarlas con las manos o sentir el suelo bajo sus pies
- el cuerpo responde a la gravedad y al movimiento, y cómo cruzar no solo una, sino tres líneas medias
- algunos olores y sabores son agradables mientras que otros no lo son, y cómo afecta eso a las emociones
- los oídos son sistemas de alarma precoz y son esenciales para el habla y para hacer amigos

DIETA SENSORIAL

Como padres sois muy conscientes de que necesitáis asegurar una dieta equilibrada para el niño. Cinco frutas y verduras al día son nuestro objetivo. Pero ¿cuántos de nosotros hemos considerado alguna vez que necesitamos proporcionarle también una dieta sensorial variada?

Si creamos un ambiente sensorialmente rico, estaremos ayudándoles a fortalecer su cuerpo y mente. Un pensamiento y aprendizaje maduros se fundamentan en las vías nerviosas que se desarrollan en el niño según va dominando la coordinación física, el equilibrio y los movimientos de precisión. No obstante hay muchos padres que ven los «juegos de niños» como una actividad obsoleta. «¡Vivimos en la era digital, que manejen ordenadores y juegos electrónicos para que puedan conquistar el universo!». ¡Qué equivocados estamos!

Necesitamos que nuestros niños vuelvan a los juegos que jugábamos nosotros, volver a explorar un mundo tridimensional donde se embarren y corran y salten en los charcos.

La integración sensorial **comienza en nosotros** como **padres**

LA PEQUEÑA EMILY

Emily tiene cuatro años. Es una pequeña mandona que dice a sus padres lo que tienen que hacer. Es quisquillosa al comer y si pudiese comería solamente yogur, no quiere vestirse ella sola y no juega bien con otros niños. Si le rozan ella empuja con fuerza, y cuando quiere mostrar afecto abraza demasiado fuerte. El papá piensa que necesita aprender límites más estrictos de su madre. La mamá opina que Emily simplemente expresa su fuerte carácter.

En la escuela, Emily nunca quiere jugar con bloques ni dibujar. Cuando utiliza un lápiz lo hace con trazos tan fuertes que a veces lo rompe, con lo que se frustra más. Cuando corre lo hace de forma torpe y se cae a menudo. Al final del día está cansada y muy irritable. ¿Está siendo Emily simplemente traviesa o hay algo más en su comportamiento?

Las investigaciones realizadas con niños que muestran formas de funcionamiento similares, nos indican que puede haber un desorden en el procesamiento sensorial. Se trata de un problema frecuente pero muy malentendido, que afecta no solo a la conducta sino también a cómo se sienten los niños consigo mismos. Influye también en cómo aprenden, cómo se mueven y cómo se relacionan con los demás. Emily necesita aprender a modular (manejar) sus sentidos para afrontar el día a día en su vida. Muestra «mala» conducta cuando no puede afrontar lo que sucede a su alrededor, cuando se siente desbordada. Así pues, ¿cómo ayudamos a Emily y a todos los niños como ella?

Lo que necesitamos hacer como padres, es centrarnos en desarrollar y mantener una dieta sensorial equilibrada. A medida que los niños crecen y se desarrollan, debemos relajarnos y pensar en cómo incorporar experiencias sensoriales en su quehacer diario.

AYUDANDO A EMILY

Comencemos por echar un vistazo a la estimulación sensorial.

- Un niño puede ser «hiper» o «hipo» sensible al tacto. Ambas situaciones afectan al aprendizaje y a la forma en que interactuamos con los demás. Emily podría ser hiposensible, por eso empuja y abraza demasiado fuerte.

- Nuestros sentidos internos, llamados sentidos próximos, juegan un papel vital en nuestro desarrollo, especialmente en los primeros años. El movimiento es la única forma de estimularlos. Emily necesita más movimiento para ayudarle con su equilibrio. Necesita moverse para que pueda llegar a sentarse quieta.

- Olfato y gusto están interconectados. Permíteles a los niños que exploren diferentes olores y sabores (incluso los que a ti no te gustan). Emily es sensible a la textura de los alimentos y tal vez por esto se la considera quisquillosa para la comida.

- La vista y el oído son los sentidos que pueden presentar más problemas futuros. Si no procesamos lo que vemos y oímos, experimentamos problemas de procesamiento visual o auditivo que pueden conducir a dificultades de aprendizaje en la escuela. Emily siente que el ruido de la clase es excesivo y prefiere estar sola.

Así pues, esta semana no pienses solo en cinco frutas y verduras frescas; piensa en cinco actividades sensoriales que enriquezcan las experiencias de aprendizaje de tus hijos.

TACTO

El niño necesita tocar y explorar para aprender. Los bebés y los niños pequeños aprenden mejor a través del tacto, el olfato y el gusto, simplemente porque sus sentidos más avanzados del oído y la vista aún no están totalmente desarrollados. La audición del bebé sí está desarrollada al nacer, pero le requiere más tiempo y concentración dar sentido a lo que oye, que dárselo a lo que toca, huele y saborea cuando utiliza sus manos, nariz y boca.

Aprendiendo de la experiencia

¿Cómo sabe tu hijo lo que significa caliente si nunca lo ha experimentado? La mayoría de los niños pequeños aprenden el significado de caliente cuando tocan una estufa o un té caliente, por ejemplo. Ahora ya tiene un conocimiento claro de lo que significa caliente, y lo más probable es que no quiera repetir la experiencia. Sin embargo, lo que les repetimos a los pequeños es «¡No toques!». Pero ¿cómo puede saber qué tocar o qué no tocar si nunca ha experimentado la sensación o la consecuencia de hacerlo? Como adulto, tienes una amplia base de experiencias de «tocar» que te permite, con solo mirar una cosa, estimar si es dura, blanda o pincha. Los pequeños no tienen aún esos datos; todavía están por desarrollar, lo que significa que tú, como padre, debes proporcionarle todas las experiencias táctiles posibles.

¿Cuál es la función de la piel?

La función de la piel es:
- proteger
- establecer vínculos
- ayudar a crear la relación consigo mismo
- formar el mapa corporal y la autoimagen
- establecer una relación con el entorno
- determinar la posición del cuerpo en relación a las partes del mismo y al espacio
- desarrollar la orientación espacial
  - desarrollar el equilibrio
    - desarrollar destrezas motrices
      - discriminar e indicar dónde termina su cuerpo y comienza el mundo
      - hacerle sentir seguro y a salvo.

¿SABÍAS QUE...?

- La piel es el órgano más extenso del cuerpo y pesa aproximadamente el 16% del peso total del cuerpo. • La piel es impermeable. • Hay más receptores táctiles en la boca y en las manos que en cualquier otra parte del cuerpo. • Cuando la piel de un bebé es hipersensible, es más difícil para el bebé alimentarse y, por ello, las probabilidades de sufrir cólicos o reflujo son mayores.

No hagas de todo una batalla.
Elige tus batallas, ¡y asegúrate de vencer!

El sistema táctil

Las células de la piel envían al cerebro información sobre el tacto, el dolor, la temperatura y la presión. A través del tacto (y no de la visión) el niño aprende sobre formas, tamaños, pesos y texturas. También por medio del tacto el niño aprende a discriminar sensaciones tales como ligero o pesado, frío o templado, áspero o suave y grueso o fino, por ejemplo. Pero antes de que pueda diferenciar sensaciones, tiene que sentirse seguro en su propia piel, ya que la primera función de la piel es mantener al niño «unido» para poder sentirse a salvo y seguro, antes de aventurarse afuera. La piel es como las paredes protectoras de nuestra casa en construcción; solamente cuando el niño se siente seguro consigo mismo dentro de su piel, podrá hacer amigos.

Tu hijo también «ve» con sus manos. Permítele que toque. Que toque tu cara, que toque el champú, los cereales, la televisión, al perro, los guisantes, la hierba, el jarrón de cristal e incluso (hasta cierto punto al menos) lo que está caliente. En vez de decir «no toques», mejor dile: «¿Notas que es pesado, está frío y hecho de cristal? Se puede romper. Es mío, por favor, déjalo…». Y que vea que eso es lo que quieres. Si se trata de algo valioso, colócalo en la balda superior o bien guárdalo.

Tocar supone establecer contacto: primero físico, después emocional, luego social y por fin mental. Esto significa que el tacto es el primer elemento esencial para desarrollar destrezas académicas. El tacto es importante, pero también lo son los límites. Permite al niño explorar con su boca (cuando es bebé), y con sus manos (cuando es pequeño o un niño mayor), pero no dudes en decir «no» a lo que es potencialmente peligroso o inapropiado. La palabra «no» enseña límites, y los límites hacen que los niños se sientan seguros. Piensa por ejemplo en un rosal, cuanto más lo podas más florece. Ocurre lo mismo con tu hijo, cuanto más constante seas al establecer límites razonables, más florecerá.

El tacto es **audición primitiva** y visión primitiva

GRIETAS EN EL DESARROLLO TÁCTIL

HIPERSENSIBILIDAD TÁCTIL

Cuando un niño se siente inseguro, el cerebro envía una orden de «defensa» a la piel y el niño evita todo contacto, el contacto con diferentes texturas e incluso el contacto visual. Se siente fácilmente agobiado por los ruidos fuertes, los cambios y las manos sucias. Los alimentos grumosos o con trocitos no los tolera. La pintura de dedos, el pegamento, jugar con arena o cortarse el pelo le resultan especialmente desagradables. Y la ropa nueva o las etiquetas en la ropa le resultan incómodas y pueden hacerle llorar. Todo ello significa que la piel es hipersensible al tacto y que el niño necesita ayuda.

¿Qué puedes hacer?

- Elimina todo lo que irrite al tacto, como costuras en los calcetines, etiquetas, cuellos de polo o tejidos ásperos.
- Asegúrate de que dispone de muchos momentos de tranquilidad.
- Abrázale con fuerza, y hazlo a menudo.
- Envuélvelo en una toalla y sécalo con palmaditas. A veces funciona mejor secarlo con un secador de pelo.
- Utiliza en su cama una manta que pese, la presión es calmante.
- Anímale a columpiarse, a sentarse en un balancín o en una hamaca.

INSENSIBILIDAD TÁCTIL

La piel de un niño puede estar poco desarrollada y por ello ser insensible al tacto. Puede abrazar apretando mucho y jugar de una manera muy ruda en un intento por «despertar» su piel. Puede parecer un abusón aunque no tenga intención de hacer daño a los demás.

La insensibilidad es debida a una escasa propiocepción y puede conducir a una incapacidad para sentir el tacto sin mirar el cuerpo, así como a ser insensible al dolor y a la temperatura. Algunas señales de alerta pueden ser que lleve una chaqueta cuando hace calor o vaya en camiseta cuando hace frío.

¿Qué puedes hacer?

- Monta una carrera de obstáculos donde el niño tenga que pasar por encima o a través de objetos de diferentes texturas. Por ejemplo, cubre un bidón con materiales de diferentes texturas. Permite al niño que juegue dentro, que gatee a través de él, que salte por encima, etc. Incluso puede tumbarse dentro mientras haces rodar el bidón.
- Llena con pelotas o globos una gran bolsa o una funda de edredón. El niño puede gatear por encima de la bolsa, o gatear dentro para buscar objetos escondidos entre las pelotas y los globos.
- Deja que el niño se seque él solo después de bañarse. Utiliza una toalla áspera y deja que se seque las diferentes partes del cuerpo, mientras las va nombrando.
- Siéntate con él frente a frente. Véndale los ojos. Pide al niño que ponga sus manos sobre las rodillas con las palmas hacia abajo. Entonces le tocas un dedo de la mano cada vez y él tiene que adivinar qué dedo le has tocado.

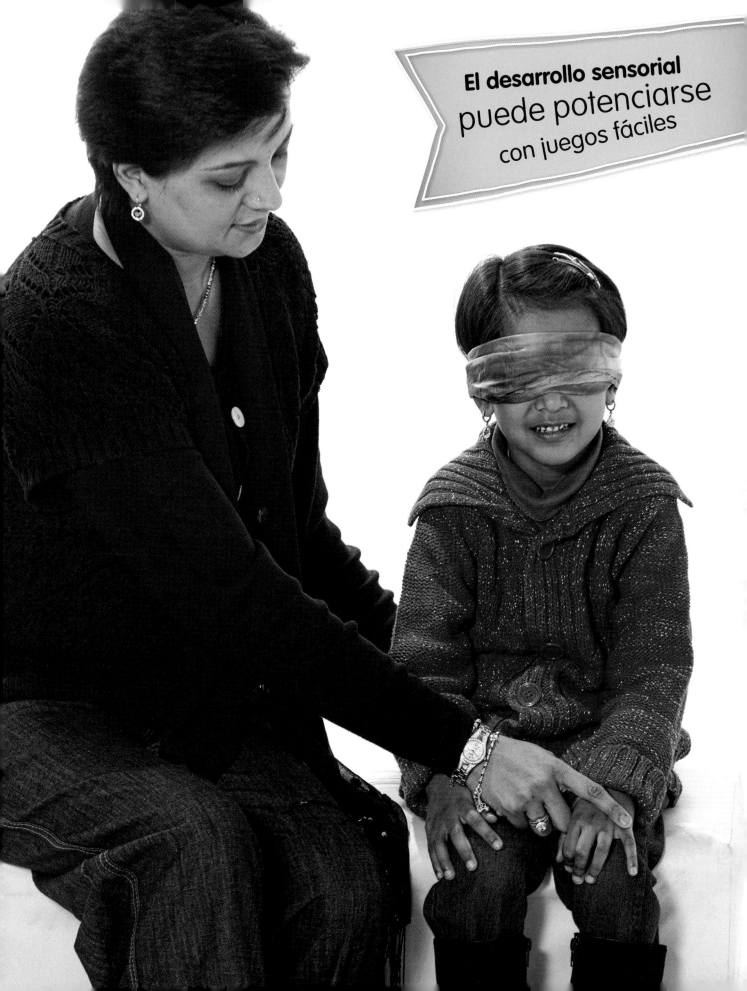

El desarrollo sensorial
puede potenciarse
con juegos fáciles

SENTIDOS INTERNOS

La mayoría de la gente, cuando pensamos en los sentidos, pensamos en los más obvios: tacto, olfato, gusto, oído y vista, pero esos son los sentidos externos. Los sentidos internos son los sentidos invisibles. Podemos no ser tan conscientes de ellos, pero juegan un papel vital en el desarrollo y la percepción de nuestro cuerpo.

La propiocepción se localiza en los músculos y las articulaciones, mientras que el sentido vestibular (equilibrio) se halla en el oído interno, y la kinesis es el sentido que nos ayuda a anticipar el cambio que produce el movimiento. La acción conjunta de estos tres sentidos actúa como el GPS de nuestro cuerpo, indicándonos dónde nos encontramos en el espacio. Al igual que el GPS de nuestro coche, el cuerpo necesita un mapa para trabajar, lo llamamos el mapa corporal. Pero ¿cómo mapeamos nuestro cuerpo? Mediante masajes y experiencias táctiles y de movimiento, el cerebro puede registrar si estamos erguidos o boca abajo, si giramos o estamos sentados, si subimos o bajamos; todo a través del trabajo del oído interno, de los músculos y las articulaciones.

A menudo no somos conscientes de lo importantes que son estos sentidos y cómo pueden influir en el desarrollo de la motricidad gruesa, y a la postre, en la autoconfianza de nuestros niños, en especial si no son capaces de correr, trepar o saltar igual que los otros niños.

Según la terapeuta ocupacional Jean Ayres, la relación que todos compartimos es la relación con la gravedad. La gravedad hace referencia a la ley de Newton que nos indica que si algo sube, bajará. El empuje hacia abajo de la gravedad es lo que nos proporciona la sensación de estabilidad: un punto de referencia, una sensación de estar centrado o de tener «seguridad gravitacional».

El empuje de la gravedad sobre el cuerpo crea una base segura y estable desde la que el niño puede:
- orientarse en el espacio (¿Dónde estoy? Delante, detrás, cerca. ¿Dónde están los objetos? Encima, debajo, entre. ¿A qué lado se orienta la *b*, a la izquierda o a la derecha? ¿La *p* va hacia arriba o hacia abajo?)
- experimentar el tiempo (antes, después, durante, a las 7 en punto, la hora de comer, la tarde, lunes, invierno, cumpleaños)
- integrar información procedente de varios sentidos (integración sensorial, procesamiento audiovisual)
- desarrollar el tono muscular (equilibrio entre flexión y extensión de los músculos)
- planificar el movimiento (praxia: habilidad para elegir respuestas, organizarlas en secuencia y actuar)
- estimar la dirección, profundidad, altura, peso, velocidad y distancia (distancia y velocidad entre un coche que viene y tu posibilidad de cruzar la calle con seguridad, los juegos con balón, la fuerza necesaria para levantar una silla, la altura de un escalón, la potencia con que chutar a gol)
- planificar actividades (¿Qué tengo, qué necesito, qué tengo que hacer?)
- entretenerse con actividades y/o con las personas
- afianzar la sensación de ser uno mismo.

Sentidos externos: tacto, olfato, gusto, oído y vista.
Sentidos internos: propiocepción, vestibular, kinesis.

GRIETAS EN EL DESARROLLO DE LOS SENTIDOS INTERNOS

Ten cuidado con las siguientes grietas en el desarrollo de los sentidos internos:

- postura rígida o floja
- torpeza
- propensión a sufrir accidentes
- se marea en vehículos
- temor a las alturas
- movimientos oculares descontrolados
- se mece o balancea durante largos períodos de tiempo
- prefiere ver la televisión o los juegos de ordenador a salir a jugar afuera.

¿Quién puede ayudar?

Un terapeuta ocupacional especializado en Integración Sensorial (IS), en coordinación con un fisioterapeuta del neurodesarrollo..

¿SABÍAS QUE...?

• El dibujo de un niño te puede indicar si se siente estable sobre el suelo o como flotando. • El sistema vestibular funciona como un nivel de burbuja o como una bola de cristal con nieve dentro: si la cabeza se mueve, la burbuja o la nieve se mueven y solo se asientan cuando la cabeza vuelve a estar quieta. • Las infecciones de oídos recurrentes y no bien tratadas son responsables de un 94 % de posteriores dificultades de aprendizaje. • Sentidos internos no bien desarrollados son a menudo la causa de TDA (Trastorno por Déficit de Atención) y TDAH (Trastorno por Déficit de Atención con Hiperactividad).

ACTIVIDADES

Juega con tu hijo y haced actividades físicas juntos. Pero no hagas nada por él que pueda hacer por sí mismo. El tono muscular se desarrolla cuando el niño mueve el peso de su propio cuerpo contra la fuerza de la gravedad. Déjale moverse, tirar y levantar, empujar y colgarse. Aliéntale para que sea «útil» en la casa. Ser útil haciendo pequeñas cosas desarrolla los sentidos internos y los músculos; además, y lo que es más importante, desarrolla la autoestima del niño y aumenta su confianza, porque el mensaje que subyace es: «creo que puedes hacerlo».

VISITA AL PARQUE

Los parques están diseñados para estimular los sentidos internos, así pues, anima a tu hijo a deslizarse, columpiarse, dar vueltas en el tiovivo, rebotar en el balancín y colgarse de las barras. Los artilugios de los parques infantiles son estupendos porque ayudan al niño a estimular sus sentidos internos y su equilibrio. Si no hay un parque cerca de casa, puedes, en última instancia, alquilar algunos aparatos y ponerlos a disposición del niño.

SOGATIRA

La sogatira es un juego para jugar con papá, lo mismo que jugar al caballito sobre su espalda o sus hombros y pelearse en la cama. Es una excelente oportunidad para establecer vínculos y para hacer al niño consciente de músculos y articulaciones. Arrastrar la manguera para que mamá o papá rieguen el jardín o laven el coche es también una buena idea (pero no te olvides de enseñarle también a arrastrarla de vuelta a su sitio). No se trata de mano de obra barata, sino de su desarrollo.

CARRERA DE OBSTÁCULOS

Monta una carrera de obstáculos con sillas y cojines. Que el niño pase por encima, por debajo y a través de los obstáculos. Las cajas de cartón son muy prácticas para esto porque se pueden abrir y utilizar como túneles.

EMPUJAR, TIRAR Y LEVANTAR

En una cesta de la ropa o una caja de cartón, coloca un peluche y que el niño la empuje o tire de ella arrastrándola. Dale la responsabilidad de recoger en su cesta o caja, la ropa para lavar y que la lleve hasta la lavadora, además de práctico es beneficioso para su desarrollo.

MIND MOVES: ARRIBA BRILLANDO

El niño estira los brazos abriéndolos completamente mientras inspira lenta y profundamente, después cierra los brazos sobre el pecho, como en un abrazo, espirando lenta y profundamente. Es muy calmante y tranquilizador si, simultáneamente, tú le abrazas por detrás acompañando sus brazos con los tuyos.

MIND MOVES: MASAJE

El niño, de pie, eleva los brazos en cruz (a 90º). Te colocas detrás y, despacio, pero con cierta presión, vas trazando el perfil de su cuerpo, desde la cabeza hasta los dedos de los pies. Presiona sus pies un momento antes de repetir tres veces. Sigue con el *arriba brillando* cada día.

MIND MOVES: EN MARCHA

Frota, masajeando, la hendidura que hay justo debajo de la clavícula, en línea vertical con el ojo izquierdo. Sirve para relajar y calmar al niño cuando está agitado o respirando entrecortadamente. Ayuda a calmar las mariposas en el estómago y los dolores de tripa.

GRIETAS EN EL DESARROLLO DEL OLFATO Y EL GUSTO

Presta atención a las siguientes señales:

- evita chupar y mamar (sea el pecho o el biberón)
- se comporta mal o de forma extraña después de que se hayan utilizado productos de limpieza
- no quiere comer en determinados lugares
- rechaza alimentos que tengan un olor fuerte
- hipersensibilidad alrededor de los labios
- lengua pesada o perezosa
- mantiene la boca abierta
- babea
- no duerme bien
- es sensible a los alimentos con diferentes texturas
- se chupa el dedo pulgar, el pelo o la ropa
- retraso en el desarrollo del habla.

OLFATO Y GUSTO

La discriminación del gusto significa poder diferenciar gustos y olores, y esto ocurre mucho antes que la percepción del gusto. Supone ser capaz de determinar semejanzas y diferencias entre varios gustos. Las papilas gustativas solamente interpretan cuatro gustos diferentes: dulce (en la punta de la lengua), salado (inmediatamente detrás del dulce y a los lados de la lengua), ácido (detrás del salado y a los lados), amargo (en la parte trasera de la lengua). La percepción gustativa (del sabor), por otra parte, es la habilidad para reconocer, nombrar e interpretar la información procedente de los órganos del gusto en la lengua (las papilas gustativas).

La percepción olfativa (del olor) es la habilidad del cerebro para reconocer e interpretar la información procedente de los órganos del olfato. Estos receptores se localizan en la parte superior de los conductos nasales y captan partículas químicas en el aire. La discriminación olfativa es la habilidad para determinar semejanzas y diferencias entre diferentes olores.

El olfato y el gusto están conectados. Basta que tengamos un catarro fuerte para darnos cuenta de que los alimentos no saben igual y que esto puede incluso disminuir nuestro apetito. Los olores también están estrechamente relacionados con las emociones. Por ejemplo, un extraño que despide un determinado perfume te puede recordar a otra persona. Los olores pueden despertar en nosotros una sensación buena o mala.

¿Cómo influyen el olfato y el gusto en el desarrollo?

Ser poco o muy reactivo a olores y sabores:
- influirá en los hábitos alimenticios
- afecta a las relaciones con otros niños
- puede dificultar el control de esfínteres.

Procura desarrollar la discriminación y la percepción al mismo tiempo nombrando todas las cosas que el niño huele y come, a la vez que mencionas el sabor: dulce, salado, ácido, amargo. Exagera la acción de aspirar los olores, ya que los niños muchas veces soplan en vez de inhalar cuando huelen. Pregunta al niño si el sabor es rico o no tan rico.

ACTIVIDADES

HIERBAS Y ESPECIAS

Las hierbas y las especias son excelentes para realizar actividades de arte. Utiliza canela en rama para hacer el tronco de un árbol y esparce tomillo o romero para crear sus hojas. Cultiva un jardín de hierbas diversas y anima al niño a que toque y huela las plantas. Unos olores son estimulantes (albahaca, café, ajo, menta, orégano y cebolla); mientras que otros olores son relajantes (plátano, canela, lavanda, vainilla y manzana).

COCINA

Cocinar es una buena forma de animar al niño a comer los alimentos que ha ayudado a preparar. Muéstrale cómo cortar las verduras en trozos pequeños y permítele experimentar la cebolla al menos una vez. Podéis utilizar un molde para pastas para cortar formas redondas. Ayúdale a preparar una pizza poniendo salsa de tomate y queso encima y horneándola.

JUEGO DE ADIVINAR LA FRUTA

Deja que tu hijo explore las frutas con todos sus sentidos. Coge una naranja y hazle preguntas: ¿De qué color es? ¿Qué forma tiene? Vamos a cortarla. Huélela. Ahora pruébala, ¿a qué sabe? ¿Es dulce o ácida? Tu pequeño ahora sabe ya con detalle qué es una naranja. Haz esto mismo con otras frutas. Cuando el niño es algo mayor, véndale los ojos y pídele que identifique frutas solo a través del olor y el sabor. Hazlo con frutas que conoce y que le gustan.

MIND MOVES: MASAJE DE CORONILLA

Imita contracciones rítmicas en torno a la coronilla en su cabeza. Esta acción es reconfortante y beneficiosa. Las contracciones deben acompañarse con respiraciones rítmicas. Fomentan la secreción de saliva y mejoran la deglución.

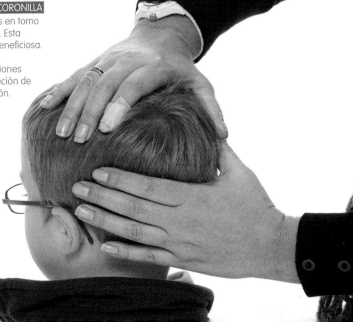

OÍDOS Y AUDICIÓN

Durante el proceso de audición, los receptores en el oído son estimulados por ondas aéreas y envían ondas sonoras al cerebro, donde son interpretadas. Pero, antes de que las ondas sonoras puedan viajar hasta el cerebro, los sentidos internos tienen que combinar la información procedente de todos los sentidos para crear una sola corriente informativa. Este proceso se denomina integración sensorial, y significa que si el niño oye el tintineo del carrito de los helados en la calle, sus sentidos internos captan el sonido, determinan de dónde viene, lo conectan con la secreción de saliva en su boca al pensar en el helado y envían toda esta información al cerebro. La interpretación del sonido en el cerebro se llama percepción sensorial.

La integración y la percepción sensorial han de tener lugar antes de que el niño llegue a hablar correctamente. Los niños con infecciones de oídos recurrentes, con dificultades de procesamiento auditivo o con discapacidad auditiva pueden experimentar retrasos en las habilidades del habla y del lenguaje.

TRATANDO LOS PROBLEMAS DE AUDICIÓN

- **Procesamiento auditivo**. Estos problemas se dan cuando la estructura del oído del niño es correcta, por lo que puede oír, pero tiene dificultad para determinar qué sonidos son importantes y cuáles debe ignorar (discriminación auditiva), así como para recordar lo que ha oído y volver a organizarlo en la misma secuencia.

- **Hipoacusia**. Puede ser debida a un problema en la estructura del oído con el resultado de pérdida de audición, que puede ser ligera entre los 20 y 40 dB, o profunda, a partir de los 95 dB.

- **Sensibilidad auditiva**. El niño con sensibilidad auditiva tiene dificultades para eliminar sonidos ambientales y puede parecer que tenga problemas de atención y de concentración, ya que los sonidos crean auténticos taponamientos en sus oídos.

- **Hipersensibilidad auditiva**. A los oídos del niño con hipersensibilidad auditiva le hacen daño los sonidos fuertes, y pueden producirle ansiedad. Estos niños suelen taparse los oídos, por ejemplo, cuando ladra un perro o cuando se vacía la cisterna.

Los oídos funcionan las 24 horas del día, por lo que es muy difícil darles un descanso.

¿Cuál es la función de los oídos?

La función de los oídos es:

• recibir información auditiva
• sintonizar sonidos relevantes
• aprender a desconectar sonidos irrelevantes
• desarrollar un sentido del ritmo y del tiempo
• orientarse en el espacio por el sonido (la pequeña
  diferencia de tiempo que tarda en llegar el sonido
  a un oído y al otro, nos permite localizar la fuente
  del sonido con precisión)
• fomentar al desarrollo emocional y social
• desarrollar la interacción por medio de las
  habilidades del habla y del lenguaje
• identificar peligros potenciales
• desarrollar la percepción auditiva.

¿SABÍAS QUE...?

• Solo una parte del oído es externa, el resto es interno. • El hueso y el músculo más pequeños del cuerpo están ambos en el oído. • El oído es como un tambor que (con la ayuda de millones de pelillos) transforma las vibraciones en sonidos reconocibles. • Medimos el volumen en decibelios (dB). Una conversación normal rondaría los 60-70 dB; una trompeta, 127 dB, un petardo, a los 140 dB. • Tus sentidos internos y la audición «residen» dentro del oído, y por esta razón, cuando tienes una infección de oídos puedes tropezar con las cosas o perderte con más facilidad.

GRIETAS EN EL DESARROLLO AUDITIVO

Presta atención a estas grietas en el desarrollo auditivo:

• reacciones retardadas a sonidos
  o a instrucciones
• extremadamente sensible a sonidos fuertes
  o repentinos
• no sabe adónde mirar para encontrar
  la procedencia del sonido
• habla muy alto
• retraso en el habla y el lenguaje
• frecuentemente pregunta «¿Qué?»
• incapaz de seguir una secuencia de
  instrucciones dadas.

Integración sensorial: combinación de la información procedente de la piel,
la boca, la nariz, los oídos, los ojos y los sentidos internos.
Percepción sensorial: interpretación de la información multisensorial,
separándola y poniéndole nombres.

ACTIVIDADES

BUSCAR EL ANIMAL

Reúne todos los animales de juguete que tengas en casa, de granja y salvajes. Ponlos frente al niño y emite el sonido de un animal, el niño tiene que señalarlo lo más rápido posible. Cambia los roles.

ARRIBA Y ABAJO

Crea un xilófono llenando vasos o botellas con diferentes cantidades de agua. Utiliza una cucharilla o palillo para golpear los vasos. Asegúrate de que emiten sonidos claramente diferenciados, de más agudo a más grave y al revés. Muestra al niño cómo va el sonido hacia arriba y hacia abajo, e intenta incorporar movimientos que acompañen los sonidos. El niño debe escuchar con atención para diferenciarlos.

JUEGOS DE APLAUSOS

Produce con tus manos diferentes secuencias de palmadas y pide al niño que las reproduzca.

EMPAREJAR ANIMALES

Haz un mural o collage con fotografías o dibujos de los mismos animales de juguete que tenía el niño. Haz el mural lo bastante grande para que cada juguete quepa en la imagen apropiada. Imita el sonido de un animal, y el niño tiene que colocar el de juguete encima de su imagen.

IMITAR SONIDOS DE ANIMALES

Imita los sonidos de diferentes animales. El niño debe identificar cada animal y moverse en la forma como lo hace dicho animal.

MARACA CASERA

Toma cuatro latas metálicas. Coloca dos alubias en dos de ellas, y un puñado en las otras dos. Recorta cuatro círculos de papel encerado y cubre con ellos la apertura de cada lata, sujeta el papel con gomas elásticas. Pide al niño que agite las latas para oír y sentir cuáles suenan parecido. Puedes hacer lo mismo con otros materiales que coloques en diferentes latas. El niño tiene que agitar cada lata y adivinar qué clase de material contiene.

Cuando compres instrumentos musicales de juguete, procura que tengan una buena calidad de sonido. Es preferible pagar un poco más por tener un sonido nítido y fácil de reconocer. La audición de tu hijo bien se merece el gasto.

JUGAR A «SIMÓN DICE…»

En este juego el niño tiene que escuchar con mucha atención; solo puede actuar cuando tú dices «Simón dice…». Si das una instrucción pero que no empieza por «Simón dice…», no le está permitido moverse. Empieza por dar una sola orden cada vez. Después ve aumentando el número de órdenes que le das seguidas, a medida que mejoran sus habilidades de memoria. Ejemplos: «Simón dice: busca tu osito», «Simón dice: busca tu osito y ponlo debajo de la mesa», «Simón dice: busca tu osito, ponlo debajo de la mesa y ven a sentarte en mi regazo».

SECUENCIACIÓN AUDITIVA

Reúne tres o cuatro fotografías que ilustren una secuencia de acontecimientos. Coloca las fotos en desorden y pide al niño que las ponga en orden y te cuente lo que sucede en la secuencia correcta. Aumenta el número de imágenes a medida que mejoren las habilidades del niño.

MARCA RITMOS

Coge dos latas, una para ti y otra para el niño. Con un palo golpea en la lata. Crea una secuencia, como por ejemplo tres golpes rápidos. Pide al niño que reproduzca la secuencia de golpes. Aumenta el número y el ritmo de los golpes según vayan mejorando sus habilidades.

MIND MOVES: TRONCO ROTADOR

Tumbado de espalda y con los brazos en cruz, levanta las rodillas hacia el pecho. Despacio ladea las piernas juntas hacia la izquierda hasta que la rodilla izquierda toca el suelo; luego hacia el otro lado hasta que la rodilla derecha toca el suelo. Los hombros permanecen pegados al suelo. El tronco rotador es básico para cruzar la línea media lateral.

MIND MOVES: AJUSTANDO ANTENAS

Masajear los dos pabellones de las orejas a la vez, de arriba hacia abajo, con movimientos circulares. Repetir tres veces.

JUEGO DE MEMORIA

Dile al niño lo que tiene que hacer (pero sin darle ejemplos de cómo hacerlo). Dale un recipiente con cuentas de colores o botones y un cordón con un nudo en un extremo. Pídele que ensarte una cuenta roja, una azul y una amarilla. Sé generoso con tus alabanzas. A medida que mejoren sus destrezas de memoria, aumenta el número de cuentas en determinadas secuencias: dos rojas, tres amarillas, una azul; y repite la serie hasta llenar el cordón de abalorios.

LOS OJOS Y LA VISIÓN

La visión es el sentido más dominante, pero tienen que pasar años antes de que todas las vías visuales estén plenamente establecidas. Los ojos captan imágenes luminosas del mundo que nos rodea y las envían al cerebro para ser interpretadas. Los ojos dependen mucho de los demás sentidos para grabar en la memoria experiencias tanto multisensoriales como concretas, y dar sentido a las imágenes visuales.

Los movimientos de los ojos son necesarios para el control ocular. Los ojos deben ser capaces de enfocar un objeto y seguirlo cuando se mueve. Al igual que todos los músculos del cuerpo, los músculos de los ojos necesitan desarrollarse; por esta razón un móvil colgado de la cuna por encima de la cabeza de un bebé es una pieza importante de su equipamiento. Los ojos se cansan pronto de lo monótono, por ello un móvil versátil es mejor para el desarrollo visual que uno que simplemente se cuelga en un lugar.

El tipo de experiencias visuales y las actividades visuales con movimiento que realiza el niño durante los primeros años son importantes para moldear las habilidades de la lectura y la escritura unos años más tarde. Si los dos ojos no trabajan bien juntos y no envían información correcta al cerebro, este puede anular la información proveniente de uno de los ojos.

¿Cuál es la función de los ojos?

- **Coordinación ocular (visión binocular).** Cada ojo enfoca una parte diferente de los objetos: el ojo izquierdo enfoca la parte derecha y el ojo derecho la parte izquierda. Solo es posible la visión binocular cuando los dos ojos trabajan juntos como un equipo.
- **Convergencia.** Cuando las imágenes de cada uno de los ojos se combinan con las del otro, lo llamamos convergencia. Para que el niño perciba con claridad una imagen, la convergencia tiene que estar plenamente desarrollada. Cuando los ojos no trabajan juntos para converger, el cerebro recibe más de una imagen del mismo objeto.
- **Acomodación.** Llamamos «claridad» a la nitidez de una imagen que hace que el niño perciba con facilidad un objeto. Cuando los ojos consiguen ajustar su enfoque (lo mismo que ajustamos el enfoque en una cámara), es lo que se denomina acomodación. Las dificultades en la acomodación pueden influir en la convergencia, y viceversa.
- **Seguimiento.** El seguimiento visual es la habilidad para seguir con los dos ojos la trayectoria de un objeto que se mueve.
- **Conciencia direccional.** Es el resultado de una conciencia corporal (mapa corporal) y un sistema vestibular bien desarrollados. Proporciona al niño el sentido de «centro» desde donde puede diferenciar automáticamente conceptos como «delante» de «detrás», «arriba» de «abajo», «izquierda» de «derecha» y «empezar» de «terminar».

COMPRENSIÓN DE TÉRMINOS

Estos son algunos de los términos que puedes encontrar cuando leas o investigues sobre el desarrollo visual:

- **Discriminación visual** es la habilidad para diferenciar forma, tamaño y color.
- **Memoria visual** es la habilidad para recordar y evocar una imagen visual.
- **Percepción de profundidad** es la habilidad para estimar la distancia que separa un objeto de otro en el espacio.
- **Coordinación ojo-mano** es la habilidad para hacer algo con las manos guiadas por lo que ven los ojos.
- **Coordinación ojo-pie** es la habilidad para hacer algo con los pies guiados por lo que ven los ojos.

¿SABÍAS QUE…?

- Durante las primeras semanas de vida del bebé su visión óptima es a unos 20-25 cm de su cara.
- La visión del bebé es unas 8000 veces mejor a los siete meses que al nacer. • Los ojos necesitan interpretar la información para darle sentido, y para ello se basan en las experiencias del banco de datos del tacto, del gusto y del movimiento. • Un pequeño espejo con pie es un gran regalo para un bebé. • Los ojos son siempre atraídos por el movimiento y el contraste. • Hay 64 lugares en el cerebro adonde puede ir la información visual.

GRIETAS EN EL DESARROLLO VISUAL

Presta atención a estas grietas:

- no gatea a cuatro patas sino estilo oso o culeando
- es incapaz de cruzar la línea media
- tiene escasa coordinación ojo-mano
- los ojos saltan en la mitad cuando se mueven de izquierda a derecha
- no puede girar la cabeza independientemente del cuerpo (cuando vuelve la cabeza hacia un lado, el brazo y la pierna la siguen)
- escribe en espejo.

ACTIVIDADES

SEGUIR AL LÍDER
Utiliza una linterna potente o un puntero láser (pero ten cuidado de que no apunte a sus ojos). Oscurece la habitación y mueve la luz sobre el suelo, las paredes y el techo mientras el niño trata de seguirla. Permítele que la «atrape» de vez en cuando.

CUCÚ-TRAS-TRAS
Juega a esconder y encontrar un juguete favorito, como su osito. Detrás de una caja, haz que se asome el osito por diferentes lugares cada vez; por encima de la caja, por un lado o por otro. Deja que el niño se anticipe y diga por dónde se asomará el osito. El niño puede querer esconder él también el osito para que tú aciertes por dónde se asomará.

ATRAPAR LA BOLSA
Es más fácil enseñar al niño a atrapar un objeto en movimiento jugando con una bolsa llena de alubias; y lo ideal es que practique con ambos padres. Papá, junto al niño, le sujeta las manos unidas y al frente. Mamá tira la bolsa a las manos de papá para que la coja. Repetir el juego a menudo. Pronto el niño captará la idea de que tiene que juntar sus manos para coger la bolsa.

CLASIFICAR
Mezcla pequeños objetos como fideos, botones y arroz en un bol. Coloca una huevera vacía frente al niño. Coge un objeto de cada clase y ponlo en un compartimento distinto de la huevera. Deja que el niño siga poniendo cada elemento en el compartimento correcto. Para mayor diversión, utiliza pinzas para coger los objetos más pequeños como los granos de arroz.

RODAR O TIRAR DENTRO DEL CUBO
Utiliza naranjas, otras frutas redondas o pelotas y un cubo. Sienta al niño en el suelo y el cubo tumbado frente a él. Haz rodar la fruta de modo que entre en el cubo. También podéis hacerla rodar entre el niño y tú, o poner el cubo de pie y animarle a que tire la pelota dentro del cubo.

TABLERO DE CLAVIJAS
Mezcla clavijas de diferentes colores en un recipiente. Coloca una clavija en el primer agujero de la fila. Pide al niño que complete la fila con otras clavijas del mismo color.

JUEGOS DE CLASIFICAR
Reúne algunas pinzas de colores y una cubeta. Ayuda al niño a clasificar las pinzas por colores. Los niños algo mayores pueden contar las pinzas al ir echándolas en la cubeta. Puedes aprovechar para introducir conceptos matemáticos como «más» o «menos». Anima a los niños mayores a repetir secuencias tales como: una roja, dos azules, una amarilla…, pinzándolas alrededor del borde de la cubeta. Esta actividad es muy buena para la coordinación ojo-mano y para mejorar la pinza digital.

PELOTA GIRATORIA CASERA

Para una versión infantil del viejo juego del «balón-palo», podemos utilizar una malla o una media con una pelota dentro. La colgamos del techo y damos al niño un bate casero hecho con el tubo de cartón de un rollo de aluminio o de papel de cocina. Unas veces colgamos la pelota baja y otras alta para alentar al niño a saltar para golpearla. También puede utilizarse un globo atado a una cuerda.

DOMINÓS

Utiliza dominós de dibujos para jugar con niños pequeños y dominós de puntos con los mayores.

ROMPECABEZAS

Mezcla dos puzles con formas diferentes, extiende las piezas delante del niño y pídele que complete ambos puzles sin tu ayuda.

ACTIVIDADES

CONCIENCIA VISOESPACIAL

Pide al niño que haga lo siguiente:

- Ponte detrás de la silla
- Ponte delante de la silla
- Levanta tus manos hacia arriba
- Baja tus manos y pósalas en tus rodillas
- Date la vuelta
- Pon tus manos detrás de tu espalda
- Pon tus manos sobre tu cabeza
- Acuéstate de lado
- Corre hacia delante; corre hacia atrás.

Dale instrucciones más complejas a medida que sus destrezas aumenten: «Siéntate en la silla bajo la ventana», «Entra en la habitación y colócate al lado de la mesa delante de la papelera».

MIND MOVES: MOVIENDO EL RATÓN

Los ojos son para el cerebro lo que el ratón para el ordenador. Los ojos acceden a diferentes partes del cerebro cuando miran hacia arriba, hacia abajo, a la izquierda y a la derecha. Levanta el dedo pulgar de la mano y míralo colocado al frente, a la distancia del codo desde los ojos. Mueve el dedo hacia arriba y a la izquierda haciendo un círculo alrededor del ojo izquierdo primero y después del ojo derecho, manteniendo siempre la distancia. Los ojos deben seguir siempre al dedo sin mover la cabeza. Repetir cinco veces. Cambia de mano y repite el mismo proceso, siempre haciendo un círculo primero en torno al ojo izquierdo y después en torno al ojo derecho.

- Castellano: el círculo alrededor del ojo izquierdo primero para desarrollar la dirección de la lectura, de izquierda a derecha.
- Árabe y hebreo: el círculo alrededor del ojo derecho primero para desarrollar la dirección de lectura, de derecha a izquierda.

Desarrollo de la motricidad gruesa

Los niños se mueven para descubrir sus cuerpos y lo que pueden hacer con ellos. Cuanto más se mueven, mejor dibujan su mapa corporal en sus cerebros; un mapa que necesitan antes de poder desarrollar su cuerpo, sus emociones y su mente.

Conciencia corporal: El cerebro tiene un mapa completo del cuerpo.
Orientación espacial: ¿Dónde estoy en el espacio?

El mapa corporal indica al niño las partes del cuerpo que tiene, dónde están esas partes del cuerpo en este preciso momento y qué puede hacer con ellas para divertirse o para sentirse seguro. Cuando ya conoce qué partes tiene y cómo utilizarlas para moverse, está en condiciones de explorar el espacio, la dirección, la velocidad y la fuerza. Necesita oportunidades para descubrir que puede moverse hacia delante, hacia atrás, de lado, arriba y abajo y dentro y fuera de un lugar. Necesita sentir la diferencia entre moverse deprisa o despacio, suavemente o a saltos, como un elefante o como un copo de nieve. Necesita darse cuenta de cuánta fuerza debe utilizar para dejar su taza sin golpearla. Necesita miles de experiencias diferentes durante muchos años para sentirse seguro y con control de su propio cuerpo.

El tono muscular es una fuerza que se opone a la gravedad

El niño necesita un buen mapa corporal antes de encontrarse con su amiga para toda la vida: «la gravedad», y aprender que la gravedad siempre atrae. La gravedad debe atraer para que él descubra dónde es «abajo». Solamente cuando haya entendido la seguridad y estabilidad que le proporciona la gravedad cuando está acostado, comenzará su lucha de por vida contra la gravedad. Lucha contra la gravedad cada vez que mueve una parte de su cuerpo, cada vez que levanta la cabeza, se da la vuelta o se sienta. La naturaleza enseña al niño a combatir la gravedad poco a poco, por lo que tarda meses antes de levantar el cuerpo hasta ponerse a cuatro patas. Si no se mueve lo suficiente, su cuerpo puede crecer más deprisa que su tono muscular, y no es fácil para unos músculos débiles mover un cuerpo que crece. Luchando contra la gravedad, desarrolla el tono muscular; y precisamente tono muscular es lo que necesita para ir logrando la mayoría de los hitos que habrán de llegar.

CONCIENCIA CORPORAL

El cuerpo del niño se desarrolla:
• De arriba abajo (ley céfalo-caudal)
• De dentro afuera (ley próximo-distal)

Lo primero que necesita desarrollar el niño son los músculos grandes que le permitan moverse, darse la vuelta para buscar a mamá, sentarse, gatear bajo la silla y sobre la almohada, ponerse de pie y caminar de lado agarrado a los muebles mucho antes de que pueda correr escaleras abajo, saltar los charcos, lanzar una pelota o coger un renacuajo con una red. Los músculos grandes se desarrollan cuando explora sus articulaciones y realiza movimientos torpes en su lucha contra la gravedad. La batalla para ganar control de sus músculos sin caerse es la razón por la cual el niño necesita grandes espacios libres así como plena libertad para descubrir su cuerpo sin temor a tirar el jarrón de cristal o rayar la mesita de cerezo. Necesitan moverse mucho para poder controlar sus movimientos de motricidad gruesa.

MOVIMIENTOS DE MOTRICIDAD GRUESA: gruesa = grande; motricidad = movimientos musculares (movimientos de los músculos grandes)

Cuanto más luche tu hijo contra la gravedad y se mueva para desarrollar fuerza muscular, tanto más se estará acercando al desarrollo del sentido de la coordinación. Coordinación significa que los músculos trabajan juntos en equipo y este trabajo de equipo implica que los músculos tienen que ser capaces de «escuchar» para que el niño pueda parar de moverse y permanecer quieto de pie o sentado. Sus músculos tienen que «escucharle» antes de que pueda gatear o más tarde chutar o coger una pelota. Se requiere tiempo para que los músculos escuchen lo bastante bien como para ser capaz de atarse los cordones o para colorear entre líneas. De hecho, puede llevar unos cinco años antes de que los músculos estén preparados para dominar estos tipos de tareas.

Pasos para desarrollar el cuerpo

Paso 1 Desarrollar la conciencia corporal y crear un mapa corporal de arriba abajo y de dentro afuera.

Paso 2 Luchar contra la fuerza de la gravedad para desarrollar tono muscular.

Paso 3 Moverse lo suficiente de modo que utilice diferentes músculos grandes de forma coordinada.

Paso 4 Aprender a mantener la postura, el equilibrio y dejar de moverse.

Una vez que los movimientos de motricidad gruesa están desarrollándose bien, los músculos pequeños de las manos, los pies y los dedos necesitan desarrollarse para que el niño se haga independiente: se lave y se vista por sí mismo, juegue e interaccione con otros y aprenda diversas destrezas que le permitan empezar la escolaridad con las habilidades y con la confianza necesarias para seguir progresando.

MOVIMIENTOS DE MOTRICIDAD FINA: fina = pequeña; motricidad = movimientos musculares (movimientos de músculos pequeños)

¿SABÍAS QUE...?

• Los movimientos de motricidad fina hacen referencia también a los de los músculos de los ojos; la habilidad de mover los ojos sin mover la cabeza. • Cuando un niño se dibuja a sí mismo e incluye el cuello sin que se le haya indicado, generalmente significa que los movimientos de motricidad fina de sus ojos están bastante desarrollados y está en condiciones de comenzar a leer y escribir. • La madurez y preparación de los músculos oculares dura aproximadamente siete años. • Los países con más altos estándares en habilidades de lectura en todo el mundo, no enseñan a los niños a leer y a escribir hasta los siete años.

El comportamiento de un niño es el resultado directo de su habilidad o torpeza para controlar el movimiento. Si el cuerpo no puede permanecer quieto, tampoco pueden el corazón ni la mente, y la concentración puede resultar muy difícil.

ACTIVIDADES

Estar familiarizado con tu cuerpo, y de hecho sentirte a gusto con él, son las bases para una buena autoestima más adelante en la vida. Si alguna vez, sobre todo en la adolescencia, has sufrido por tener una mala imagen corporal, te recordarás mirándote al espejo y deseando que esas piernas no fuesen las tuyas o que tu cara fuese diferente. En esta situación, se siente una sensación de desapego o separación del propio cuerpo. Esa sensación de alienación del propio cuerpo es la que queremos evitar a nuestros niños. Les queremos profundamente conectados y en contacto con su cuerpo; y que les guste su cuerpo.

MASAJE

El masaje permite al cerebro desarrollar un mapa preciso del cuerpo. Empieza utilizando tus dedos para perfilar el contorno del cuerpo del niño cuando está acostado y, a medida que crece, también su contorno estando de pie. En todos los casos repite tres veces porque el cerebro responde bien a las repeticiones. Asegúrate de ir nombrando las partes del cuerpo según avanzan tus manos:

Alrededor de tu cabeza,
bajando por tus brazos…
Mantén firmes tus manos.
Bajo tus brazos,
bajando por tu cuerpo,
hasta tus piernas…
Sujeto firmes tus pies.

Si el niño no quiere mantenerse quieto para el masaje, implícale en él. Pretendemos crear un mapa corporal, y puede hacerse estando él de pie o sentado frente a ti.

Variación. Para mantener la atención del niño pequeño, elige un tema que le guste; si son los dinosaurios ese día, pues son dinosaurios caminando por su espalda, comiendo hierba y cazando por todo su cuerpo. Si le interesan los coches, su cuerpo se convertirá en una pista.

CANTAR MIENTRAS TE MUEVES

Canta una melodía sencilla y de carácter infantil, como por ejemplo «¿Quién teme al lobo feroz?» mientras vais tocando cada parte del cuerpo:

«Así nos tocamos la nariz… (x2)
Así nos tocamos las orejas… (x2), etc.»

Variación. Para un niño un poco mayor ponle una pegatina o un gomet en la parte del cuerpo que suena en la canción: en la nariz, en las orejas…

NOMBRAR LAS PARTES DEL CUERPO FRENTE AL ESPEJO

Puedes fomentar el sentido de sí mismo que tiene el niño jugando frente a un espejo. Los juegos ante el espejo desarrollan la conciencia de «yo» y «mío» frente a «tú» y «tuyo». De este modo se le ayuda a desarrollar el sentido de que él/ella es alguien distinto de otros. A los niños les intriga su cuerpo, y nombrar las partes del cuerpo frente al espejo les ayuda a entender los nombres de esas partes y a explorar más allá su propia identidad. «Esta es tu oreja. ¿Dónde está la oreja de mamá?».

JUEGOS QUE IMPLICAN LAS PARTES DEL CUERPO

Proponle un juego que indica para qué utilizamos cada parte del cuerpo. Introduce el juego diciendo: «Jenny, ¿con qué hablamos?» (Señala tu boca y pídele a ella que imite tu acción).

«¿Con qué oímos?» (Sigue así hasta completar algunas de las funciones más básicas del cuerpo).

A continuación empieza un juego nuevo diciendo:

«Impídeme hablar»
«Impídeme oír»
«Impídeme oler»
«Impídeme mover los brazos».

Continúa esta actividad utilizando otras acciones como sonreír, cantar, comer, caminar, tocar, besar, hacer cosquillas o abrazar.

Refuerza positivamente cada acción que el niño realice. Dile por ejemplo: «Me has tapado los oídos de modo que no oigo nada», o «Estás jugando muy bien». Si el niño tiene dificultades para nombrar partes importantes del cuerpo, dale alguna pista: «Yo también uso esto para comer la galleta». Continúa hasta que el niño pierda interés. Los niños a estas edades están reuniendo mucha información sobre sí mismos. Conocer los nombres apropiados para las partes del cuerpo añade información a sus estructuras cognitivas y al autoconcepto que tienen de sí mismos.

Variación. Más adelante intercambia los roles dejando que sea el niño quien te dirija para que señales o toques partes de tu cuerpo.

Aprender a controlar las partes de su cuerpo es algo muy importante para tu hijo. Puede que ya sea capaz de señalar las partes de su cuerpo, pero ahora tiene la oportunidad de utilizarlas también para la acción.

CANTAR SOBRE PARTES DEL CUERPO

Adapta una melodía infantil (o bien puedes inventarte una) y añade una letra sencilla que haga referencia a acciones relacionadas con partes del cuerpo. Como por ejemplo, con la música de la canción infantil «Tengo una muñeca vestida de azul»,

acompañamos la siguiente letra con los gestos de las acciones que se van mencionando:

«Coge tus manitas y aplaude así…
Coge tus piecitos y pisa así…
Coge tus bracitos y abraza así…
Coge tu boquita y besa así…
Coge tu manita y saluda así…»

ESCONDER PARTES DEL CUERPO

Es una actividad que además de ayudarle a ser consciente de su propio cuerpo, puede convertirse en el juego favorito del niño.

¿Puedes esconder tus ojos?
¿Puedes esconder tu nariz?
¿Puedes esconder tus pies?
¿Puedes esconder tus manos?

Continúa con otras partes del cuerpo a medida que se va familiarizando con ellas. Prueba con la barbilla, las rodillas, los codos, las orejas, etc. Pero asegúrate de cometer algún error de vez en cuando, pues añadiendo algo de humor lo hará más divertido.

GRANDE Y PEQUEÑO

El niño empieza por señalar las partes de tu cuerpo antes de señalar las suyas. Saber la diferencia entre el pelo de mamá y su propia boca es un logro importante. Aprovecha para comentar sobre sus pequeñas manos y las manos grandes de mamá (y que las manos de mamá son más pequeñas que las de papá). Utiliza todas las oportunidades posibles para desarrollar también las destrezas del lenguaje.

TOCADO Y CONGELADO

En este juego, el que «se la queda» tiene que tocar a los demás que corren a su alrededor intentando evitar ser tocados. Si les toca, tendrán que permanecer congelados en la postura en la que estaban en ese momento. Cuando uno está congelado puede ser descongelado por otro que le toque. Si alguien es tocado y congelado por tercera vez, tendrá que «quedársela».

Dale al niño tiempo y espacio para hacer cosas por sí mismo. Cada actividad que haga solo alimentará su sensación de independencia y autoconfianza. Mientras explora su mundo, amplía el conocimiento de sí mismo.

MOVIENDO EL CUERPO ARRIBA Y ABAJO

La imitación es una forma natural de aprender jugando, así que intenta sacarle el máximo provecho para promover el movimiento y la conciencia corporal.

Mueve las manos arriba y abajo…
Mueve los hombros arriba y abajo…
Agita los codos arriba y abajo… Haz que tus piernas se muevan arriba y abajo…
Haz que tus pies vayan arriba y abajo…
Mueve tu cuerpo arriba y abajo…

ÁBRELAS, CIÉRRALAS

Los niños pequeños disfrutan utilizando sus nuevos conocimientos sobre las partes de su cuerpo en forma de juego. También les gustan las cosquillas y las sorpresas; así, pues, prueba el siguiente juego rítmico.

Ábrelas, ciérralas.(x2)
Da una palmada.
Gíralas, gíralas. (x2)
Pósalas en tu regazo.
Agítalas, agítalas.(x2)
Lanza un besito.
Trépalas, trépalas.
Hasta tu barbillita.
Abre mucho la boquita…
¡Pero no las dejes entrar!

CONSTRUYE UN PUZLE PERSONAL

Imprime una foto del niño a tamaño folio. Pégala sobre un cartón (de una caja de cereales, por ejemplo). Plastifícala o cúbrela con papel adhesivo. Recórtala en tres o cuatro partes (cabeza, cuerpo, brazos y piernas), o en más piezas si el niño es mayor, y déjale que reconstruya el puzle de sí mismo.

LA GALLINITA CIEGA

Este juego necesita un área espaciosa, puede ser al aire libre o en una habitación amplia pero libre de obstáculos que puedan hacer daño. Un jugador será «la gallina ciega», se le vendan los ojos y tendrá que moverse a tientas intentando tocar a otros jugadores sin poder verles. Los demás jugadores se dispersan evitándole, se acercan a él y le engañan para hacerle cambiar de dirección. La «gallina ciega» tendrá que escuchar con mucha atención para saber por dónde se mueve algún niño y lanzarse en esa dirección para tocarle. Al que es tocado le corresponde ponerse la venda para ser «la gallina ciega».

TOCAR CON DIVERSAS PARTES DEL CUERPO

Alienta al niño a explorar acciones utilizando diversas partes de su cuerpo. Dile: «A ver cómo tocas la silla con tu codo». Continúa con otras partes: «Pon la cabeza sobre el suelo», «Pon tu rodilla sobre la mesa».

PARTES DEL CUERPO EN ACCIÓN

Este juego es para niños algo mayores. Explícale: «Vas a mover cierta parte del cuerpo cuando yo te lo diga. Escucha con atención».

Gira tu cabeza de un lado a otro.
Arruga la nariz.
Chasquea los dedos.
Abre y cierra los ojos.
Abre y cierra una mano.
Aplaude.
Patea.
Levanta una rodilla, después la otra.
Agita los brazos.

ORIENTACIÓN ESPACIAL

Orientación espacial es la sensación que tiene el niño sobre dónde está en relación al espacio que le rodea.

ACTIVIDADES

ROTACIÓN ALREDEDOR DE UN EJE

Dale al niño las siguientes instrucciones:

- Gira como un avión que se acerca para aterrizar.
- Haz un giro completo hacia la derecha y después otro hacia la izquierda.
- Gira como si estuvieses siendo atornillado a un trozo de madera.
- Da vueltas a la pata coja.
- ¿Puedes darte la vuelta muy despacio?
- ¿Puedes girar apoyado en una rodilla?
- Gira mientras te estiras todo lo alto que puedas.
- Gira mientras te encoges todo lo pequeño que puedas.
- Gira deprisa y vete, poco a poco, girando cada vez más despacio.
- Gira estando sentado en el suelo.
- Gira despacio en una dirección y después aún más despacio en la otra.
- ¿Puedes saltar y girar a la vez?
- Gira en una dirección mientras cuentas hasta ocho.
- Gira en la otra dirección contando hasta cuatro y termina mirando al frente.

SALTAR Y ATERRIZAR

Anima a tu hijo a hacer los siguientes ejercicios de saltar y aterrizar, pero asegúrate de que con las instrucciones el niño sabe exactamente lo que se espera que haga cada vez.

- **¡Despega!** Agachado, eres una nave espacial en la rampa de lanzamiento. Cuando termine la cuenta atrás, ¡despega!
- **Patea el asiento.** Salta hacia arriba y dobla las rodillas pateando hacia atrás, de modo que los pies golpeen el trasero.
- **Salto de la rana.** Salta como una rana. La rana utiliza las patas de delante y las de atrás a la vez para impulsarse, pero posa primero las patas de atrás al aterrizar.
- **Saltos de estrella.** Salta con el cuerpo en forma de estrella, con los brazos y las piernas bien extendidos. Aterriza en una posición equilibrada y estable.
- **Rodillas palmeadas.** En lo más alto del salto, lleva las rodillas hacia el pecho y tócalas con las manos. Cruza los brazos y toca con cada mano la rodilla opuesta.
- **Atrapando piernas.** En lo más alto del salto, acerca las piernas al pecho, agárralas por las espinillas, pero asegúrate de que la espalda permanece recta.

Plasticidad del cerebro
= habilidad del cerebro para ser moldeado

EXPLORANDO CABEZA ABAJO

¿Con tu peso sobre cinco partes del cuerpo, puedes poner una rodilla encima del codo del mismo lado? Enséñame una posición boca abajo. En esa posición, a ver si puedes levantar una mano del suelo.

¿Puedes ponerte cabeza abajo con el peso de tu cuerpo sobre cuatro partes del cuerpo? ¿Puedes hacer esto mismo de otra forma? Enséñame una posición boca abajo con tu peso sobre los codos.

SIGUE AL LÍDER

Elige un líder. Todos los niños se ponen en fila detrás del líder. El líder avanza realizando diversos movimientos mientras que los que le siguen imitan lo que hace. El líder debe ser lo más creativo posible. Cualquier seguidor que falle al copiar lo que hace el líder, será eliminado del juego. El último que quede será el nuevo líder.

JUGAR A LA PÍDOLA

Pídola es un juego en el que los niños saltan por encima de otros que están agachados. El primer niño se inclina con las manos apoyadas en sus rodillas. El siguiente salta sobre el primero apoyando las manos en su espalda con las piernas bien abiertas. El que ha saltado, se inclina a su vez, y un tercer niño saltará sobre el primero y sobre el segundo, el cuarto saltará sobre todos los anteriores y así sucesivamente. Cuando todos estén inclinados, el que ha quedado último en la fila empezará a saltar sobre todos los demás.

EL MOVIMIENTO COMO LENGUAJE

El movimiento es el primer lenguaje del niño. La historia de Stephen Covey acerca del crecimiento del bambú chino, es un buen ejemplo de la plasticidad del cerebro. El primer año después de haber plantado el bambú, crece un centímetro. El segundo año de su vida solo crece otro centímetro a pesar de los cuidados y de las buenas condiciones. El tercer año el bambú crece su ya sistemático centímetro. Dicho de otra forma, crece tres centímetros en tres años. Para mucha gente eso significará ¡fuera el bambú!, porque lo que queremos son resultados rápidos. Afortunadamente para los que persisten en cuidar el joven bambú a pesar de los pobres resultados, el cuarto año el bambú, sorprendentemente, se dispara hasta los 10 metros.

Tres centímetros en tres años y después un acelerón de 10 metros en un año, ¿cómo es posible? Es muy sencillo: en los tres primeros años todo el alimento y los cuidados se centraron en establecer un firme sistema de raíces y, cuando las raíces se agarraron fuerte, el bambú estuvo sólidamente anclado y en condiciones de crecer.

Lo mismo puede aplicarse a la plasticidad del cerebro; los tres primeros años de amor, cuidados y estimulación pueden no mostrar grandes resultados hacia el exterior, pero dentro, el cerebro y el cuerpo se han ido cableando adecuadamente y, solo cuando el cableado del cerebro está totalmente establecido, puede el niño «florecer».

¿Qué nos dice el movimiento?

El movimiento nos dice si el niño es capaz de:
- Sobrevivir sin intervención médica (puntuación APGAR)
- Ser alimentado y nutrirse (succiona pronto después de nacer)
- Metabolizar el alimento que toma (superando retortijones y cólicos o balbuceando y dando patadidas, mientras tiene deposiciones regulares)
- Conectar con el entorno (reconoce a mamá por su olor)
- Indicar cuándo sus sentidos están desbordados (muestra el signo de «basta» moviéndose descontroladamente y llorando con fuerza)
- Progresar a lo largo del camino hacia la autonomía (alcanzando cada uno de los hitos motrices en su secuencia)
- Comunicarse antes de que pueda hablar (apuntando o tirando para indicar sus necesidades)
- Agarrar con los dedos pulgares separados de los otros cuatro dedos (desarrollando la pinza digital)
- Ir alcanzando el estadio del ser humano plenamente funcional (camina derecho sobre sus dos piernas)
- Manipular objetos (empuja o tira de un juguete, apila bloques o los mete dentro de una caja)
- Comer solo (come alimentos sólidos que coge con el pulgar y el índice)
- Cerrar y abrir puertas
- Coger y llevar, lavarse y secarse, o vestirse y desnudarse solo.
- Ir al baño por sí mismo cuando es el momento para ello
- Construir un puzle o garabatear un dibujo
- Aprender y desarrollarse.

Categorías de movimientos de motricidad gruesa

Rae Pica dice que las destrezas básicas del movimiento pueden agruparse en las siguientes categorías:

- **Actividades no locomotrices.** Se trata de actividades de movimiento que tienen lugar en el mismo punto. Generalmente implican movimientos en torno a uno de los ejes del cuerpo (el eje puede llamarse también «línea media»). Existen tres líneas medias: entre los lados derecho e izquierdo del cuerpo, entre la parte superior y la inferior del cuerpo, y entre las partes anterior y posterior del mismo. Las actividades no locomotrices se realizan normalmente de pie, de rodillas, sentado o tumbado. Estas actividades incluyen estirarse, doblarse, sentarse, agitarse, girar, mecerse, balancearse, retorcerse, esquivar y caerse.
- **Actividades de locomoción.** Son actividades de movimiento en las que todo el cuerpo se desplaza de un punto a otro. La finalidad de las actividades de locomoción es desplazarse a otro lugar en el espacio. Estas actividades cruzan las líneas medias e incluyen: gatear, arrastrarse, caminar, correr, saltar, brincar, triscar, deslizarse, saltar a la pata coja y galopar. Son importantes la agilidad y la flexibilidad.
- **Equilibrio.** Es la actividad de movimiento en la que el centro de gravedad está sobre una base de sustentación.
- **Actividades manipulativas.** Implican movimientos de motricidad gruesa aplicados al control de objetos, con fuerza ejercida sobre un objeto o recibida de este. Incluyen: tirar, empujar, levantar, golpear, arrojar, patear, hacer rodar una pelota, lanzar al aire, rebotar, coger y driblar.

¿Cómo vamos a saber que los niños han aprendido si no se mueven?

MACINTYRE & MCVITTY

Elementos del movimiento de motricidad gruesa

Los elementos del movimiento de motricidad gruesa aportan variedad a un mismo movimiento. Por ejemplo, cuando caminas, puedes caminar hacia delante (espacio), con los brazos doblados (forma) y con pasos cortos y rápidos (tiempo), haciendo mucho ruido con tus pies (fuerza), como si estuvieras golpeando un tambor con tus pies (flujo).

- **Espacio.** El espacio personal es el área que puedes alcanzar en 360 grados alrededor de tu cuerpo; el espacio general es el espacio compartido; las relaciones espaciales incluyen diferenciar arriba de abajo, por ejemplo.
- **Forma.** Se trata de la forma que puede adoptar tu cuerpo (adoptar e identificar formas).
- **Tiempo.** Es la velocidad a la que se realiza una actividad (movimiento lento o rápido).
- **Fuerza.** Es la cantidad de tensión muscular requerida (movimiento fuerte o ligero).
- **Flujo.** Pueden ser movimientos vacilantes o libres e ininterrumpidos.
- **Ritmo.** Implica movimiento locomotriz en el tiempo y el espacio, y vincula el sonido al movimiento y al significado del mismo.

Cualidades del movimiento de motricidad gruesa

Estas cualidades aportan variedad a un mismo movimiento.

- **Sostenido.** Movimiento continuado sin parar (es importante el control)
- **Suspendido.** El movimiento es detenido durante unos segundos y continúa de nuevo.
- **Oscilante.** Es el movimiento que forma un arco alrededor de un punto fijo.
- **De percusión.** Movimiento rápido, brusco, usando partes del cuerpo.
- **Vibratorio.** Movimiento agitado, tembloroso.
- **Desplome.** Es un movimiento de desvanecimiento (es importante el control para evitar daños).

HIPERACTIVIDAD: hiper = mucho; actividad = movimiento (mucho movimiento).

La variedad estimula.
Lo semejante tranquiliza.

HIPERACTIVIDAD

Los padres a veces se preocupan si sus hijos se mueven tanto, pueden llegar a ser «hiperactivos». Es importante recordar que todos los niños necesitan ser hiperactivos al menos una vez en su vida; antes o después de los tres años. Antes de que cumpla tres años es el tiempo perfecto para ser hiperactivo. Cuanto más activo es un bebé, mayores son las posibilidades de que crezca para ser un niño inteligente. Esto no quiere decir que el niño repita un movimiento una y otra vez, sino que tenga la oportunidad de experimentar muchos tipos de movimientos, en muchas direcciones, usando variedad de juguetes, mientras está tumbado, sentado o mientras camina, corre, salta, brinca o galopa.

Movimiento reflejo = movimiento descontrolado;
movimiento controlado = movimiento diestro.

Reflejos

La naturaleza se ha asegurado de que el desarrollo del niño no dependa de cuántos libros hayan leído los padres o de cuántos programas sobre desarrollo hayan visto. La naturaleza se asegura de que el niño se mueva suficiente y de la manera adecuada, colocando un «padre invisible» dentro del cuerpo de todos y cada uno de los niños. Este padre invisible es un sistema de reflejos primitivos que impulsa al niño a moverse de forma refleja.

Una variedad de reflejos primitivos garantiza el cableado esencial del cerebro y del cuerpo.

Reflejo de Moro. Con un sobresalto pone en marcha el cerebro y el cuerpo para la acción cada vez que hay un movimiento súbito, un sonido, olor, sabor, luz o textura.
Reflejo de búsqueda y succión. Este reflejo cablea los sentidos del olfato y el gusto, así como la parte emocional o autocalmante del cerebro.
Reflejos palmar y plantar. Cablean la piel y los músculos de la motricidad fina.
Reflejo tónico laberíntico. Cablea los oídos además de las partes emocional y cognitiva del cerebro, al mismo tiempo que cablea el equilibrio entre delante y atrás.
Reflejo asimétrico. Este reflejo coordina el cableado de todos los demás sentidos, músculos y partes del cerebro, antes de cablear los ojos con la parte cognitiva del cerebro. También establece la línea media.

Estos reflejos primitivos deben hacer su trabajo y después inhibirse de forma que las partes más inteligentes del cerebro puedan hacerse cargo del control de los músculos para desarrollar movimientos diestros tales como agarrar, gatear, trepar, bailar o chutar una pelota a gol, por ejemplo. Si un niño es hiperactivo en el primer año de vida, lo más frecuente es que su padre invisible le esté diciendo: necesitas moverte para cablear bien tu cerebro de modo que alcances cada hito del desarrollo. Los reflejos primitivos deben inhibirse todos durante el primer año de vida del niño; si bien el niño debe seguir moviéndose mucho para desarrollar suficiente tono muscular para soportar su cuerpo en crecimiento. En otras palabras, mucho movimiento en los primeros años de vida es algo bueno. Lo que es más importante es que los reflejos primitivos se retiren y que el niño desarrolle tono muscular y equilibrio, puesto que el tono muscular y el equilibrio son elementos que controlan el movimiento.

Equilibrio es el punto perfecto entre arriba y abajo, izquierda y derecha, delante y atrás.

Consejos para prevenir la hiperactividad

- Procura que el bebé pase mucho tiempo tanto boca abajo como boca arriba.
- Retira todas las cosas valiosas que pueden exigir cuidado cuando el niño está aprendiendo sobre el movimiento.
- Anima a papá a jugar a juegos bruscos tanto con el niño como con la niña.
- Id al parque a menudo.
- Enseña al niño a «Parar», a «Esperar» y a aceptar un «No».
- Asegura siempre alimentos saludables y comidas equilibradas.
- Impón límites claros; «No» debe significar siempre «no».
- Sé constante. Mamá y papá tenéis que formar una única fuerza.

CUESTIÓN DE EQUILIBRIO

Si un niño no se mueve bastante durante su primer año porque está siempre recluido en el cochecito, en la sillita o atado al cuerpo de mamá, las probabilidades de que los reflejos primitivos se inhiban son escasas, ya que no habrán terminado el trabajo de cableado del cual son responsables. Como consecuencia, el padre invisible sigue impulsando al niño a moverse de forma incontrolada, sin lograr la habilidad de pararse. Este tipo de movimiento en un niño algo mayor está mal visto y, por desgracia, obstaculiza su desarrollo emocional, su facilidad para hacer amigos y su desarrollo cognitivo. Como resultado puede experimentar retrasos en su desarrollo.

EQUILIBRIO

El niño que ha logrado equilibrio, ha desarrollado sus músculos de motricidad gruesa de tal manera que puede permanecer estable en una posición erguida tanto estando de pie como cuando se mueve o se sienta. Una vez que el niño tiene sentido del equilibrio, estará realmente preparado para pasar a «trabajar» sobre una silla y una mesa con papel, pinturas y tijeras (pero no antes).

Asusta ver como cada año más niños son diagnosticados de hiperactividad. Hay muchas razones por las que un niño puede ser etiquetado como «hiperactivo»: falta de disciplina, una mala dieta, reflejos primitivos activos, un desequilibrio químico y otras muchas. Algunas veces un niño puede parecer hiperactivo por el simple hecho de no haberse movido suficiente para lograr su equilibrio. Equilibrio es ese punto perfecto entre izquierda y derecha, delante y atrás, estar tumbado y estar de pie erguido, y solo se consigue por medio de mucho movimiento.

En pocas palabras: antes de que pueda mantenerse quieto sentado o de pie, un niño necesita moverse mucho.

¿SABÍAS QUE...?

- El sentido del equilibrio es llamado el sentido oculto.
- Equilibrio es lo que experimentas cuando sentado en un vehículo en movimiento y con los ojos cerrados, eres consciente de la velocidad, la dirección, y el ángulo de inclinación de la carretera. • Sentarse en una silla es una acción de equilibrio. Los receptores en el oído interno se comunican con la gravedad y alinean tus movimientos para que te mantengas seguro y erguido. • El sentido del equilibrio funciona como un GPS (Sistema de Posicionamiento Global) e, independientemente de que estés parado o moviéndote, el sistema está recalculando para que te muevas de forma coordinada y adecuada. • Algunos ejemplos de cómo trabaja tu sentido del equilibrio son cuando te pintas los labios incluso sin espejo o coges el mando a distancia sin mirar. • El primer paso hacia el equilibrio es la conciencia corporal porque permite al sistema vestibular saber dónde te encuentras en el espacio. • El niño necesita cruzar tres líneas medias para desarrollar el equilibrio.

Desarrollo del sentido del equilibrio

El sentido del equilibrio es algo así como una olla africana de tres patas; si las tres patas no están en su sitio, la olla se cae. La pata 1 es la propiocepción (la conciencia de dónde están las distintas partes de mi cuerpo). La pata 2 es el sistema vestibular (mi posición en el espacio). La pata 3 es la kinesis (la anticipación inconsciente de la fuerza muscular necesaria para la acción).

- **Propiocepción** (¿Dónde están las diferentes partes de mi cuerpo ahora mismo?) Los propioceptores se encuentran en lo profundo de la piel, los músculos, las articulaciones, los tendones y los ligamentos. Si no funciona bien, puedes dejar una taza golpeándola contra la mesa o moverte «como un elefante en una cacharrería».

- **Sistema vestibular** (¿En qué posición estoy ahora en relación con la gravedad y en qué dirección voy a dirigir mi siguiente acción?) El sistema vestibular se encuentra en el oído interno. Si no funciona correctamente, no te gusta subir o bajar escaleras, evitas montar en barco y lugares como puentes colgantes, así como los lugares concurridos o ruidosos.

- **Kinesis.** (Anticipación no consciente de la fuerza muscular necesaria para una acción concreta) Se encuentra en los músculos. Si no funciona correctamente, puedes desplomarte en la silla en vez de sentarte, por ejemplo.

El equilibrio es más fácil sobre una base amplia que sobre una base estrecha, por eso algunos niños, para mantenerse erguidos cuando se sientan, se colocan con las piernas en «W», enganchan su pies a las patas de la silla, o se sientan sobre una pierna. «Equilibrio estático» es cuando te mantienes en equilibrio sobre un pie en el mismo punto. «Equilibrio dinámico» es ser capaz de caminar o correr manteniendo el equilibrio. Para poner retos al equilibrio del niño, anímale a que camine sobre un objeto como una viga o un neumático.

Equilibrio estático es cuando el niño puede sentarse o estar de pie quieto sin ningún apoyo. Equilibrio dinámico se da cuando el niño se mueve sin tropezar y mueve brazos y piernas de forma coordinada.

Moverse sobre superficies diferentes y saltar en la cama, **mejoran el equilibrio**

¿SABÍAS QUE…?

• El cuerpo tiene un total de 639 músculos.
• El más pequeño de los músculos del cuerpo es el estapedio, mide 1 cm de largo y mantiene unidos dos pequeñísimos huesos en cada oído.
• El músculo más grande del cuerpo es el glúteo máximo y estás sentado sobre él en este momento… • Las articulaciones son lugares donde se unen huesos. • Hay 230 articulaciones en nuestro cuerpo y los ligamentos las mantienen unidas.
• Los músculos y las articulaciones tienen que aprender a interactuar para hacer posible el movimiento.

ACTIVIDADES

El hecho de que el niño gane destreza en el equilibrio le ayudará en el desarrollo de la coordinación de la motricidad gruesa y la coordinación de la motricidad fina.

SENTARSE EN UNA PELOTA

Anima al niño a que se siente sobre una pelota de tamaño mediano durante un rato corto. Mantener el equilibrio mucho tiempo es muy difícil para un niño pequeño.

ESTATUAS MUSICALES

Se trata de una de las actividades favoritas entre niños algo mayores, pero que puede adaptarse también para los más pequeños. Coge de las manos al niño y baila al son de la música. Te paras cuando la música se detiene y mantienes la postura durante un momento. Luego empezáis de nuevo. Procura variar la postura en la que te detienes.

ACTIVIDADES DE EQUILIBRIO ESTÁTICO

Puedes experimentar con algunas actividades de equilibrio estático, con el objetivo de mantenerlo durante cinco segundos al principio. Haz lo siguiente con el niño:

• De pie con los dos pies juntos y los brazos abiertos a los lados.
• De pie con los dos pies juntos y las manos en las caderas.
• De cuclillas, trata de poner los brazos en cruz.
• De pie sobre un solo pie.
• El niño, sentado en el suelo, levanta sus piernas mientras intenta mantener el equilibrio sobre su trasero.

DEMOSTRAR LA GRAVEDAD

Introduce el concepto de gravedad preguntando: «¿Por qué no nos mantenemos en el aire cuando saltamos?». Para demostrar más claramente el concepto, pídele al niño que haga lo siguiente:

- Salta como si estuvieses botando una pelota, unas veces alto y otras bajo.
- Salta sobre el mismo lugar. Al principio, que los pies apenas se despeguen del suelo. Después que los pies se eleven mucho del suelo.
- Salta como si quisieras coger algo que está allá arriba. ¿Puedes hacer que tus rodillas suban más?
- ¿Puedes saltar rápido?
- Salta como si estuvieses enfadado y golpea el suelo con los pies.
- Salta de alegría.
- Salta hacia delante en dirección a la silla que está en el rincón.
- Salta en círculo.
- Salta muy despacio.
- Salta con los pies juntos, después separados; después, una vez separados y otra juntos, varias veces.
- Salta cayendo con un pie hacia delante y el otro pie hacia atrás.
- Salta hacia atrás haciendo mucho ruido con los pies.
- Salta y junta los talones mientras estás en el aire.
- Salta muy suave como si saltases sobre huevos.
- Salta con los brazos pegados al cuerpo y después cruzados sobre el pecho.

EQUILIBRAR BOLSAS DE ALUBIAS

Anima al niño a equilibrar bolsas con alubias sobre diversas partes de su cuerpo. Puedes utilizar también cocteleras o vasos para batidos, que provocarán ruido cada vez que mueva su cuerpo.

EQUILIBRIO SIMÉTRICO

Comienza en posición sentada de forma que las piernas estén estiradas al frente en forma de V, y explica que las dos partes del cuerpo parecen exactamente iguales (a esto lo llamamos equilibrio simétrico). Demuestra lo que tiene que hacer el niño, haciéndolo tú primero:

- Mientras mantienes el equilibrio sentado, cambia la posición de tus brazos de forma que te muevas desde un equilibrio simétrico a otra forma simétrica y a otra asimétrica para volver a empezar.
- Crea otra forma simétrica cambiando la posición de tus piernas.
- Crea una forma simétrica con tus brazos y piernas, después cambia tu posición de forma que tu cuerpo tome una forma asimétrica.
- Practica moviéndote suavemente desde un equilibrio simétrico a otro asimétrico y de nuevo al primero.

Equilibrio dinámico: la habilidad para mantener el equilibrio a la vez que nos movemos en diferentes planos.

BUSCAR EL EQUILIBRIO POR LO ALTO Y POR LO BAJO

Pide al niño muestras de equilibrio en niveles bajos haciendo que se equilibre sobre:

- Dos manos y una rodilla
- Una mano y una rodilla
- Un pie (plano), y después el otro pie
- Sentado en el suelo, sin apoyar los pies ni las manos
- Sobre su estómago solamente, con los ojos cerrados
- Solamente sobre sus rodillas.

Después pídele muestras de equilibrio en niveles altos haciendo lo siguiente:

- Ponerse de puntillas y preguntarle: «¿Cuánto tiempo puedes estar así?»
- Guardar el equilibrio sobre sus talones contando hasta cuatro
- Mantener el equilibrio sobre las puntas de los pies con las rodillas dobladas. Desde esa posición girar la cabeza a la izquierda y después a la derecha
- Equilibrio sobre un pie, de puntillas, con los ojos cerrados.

SUSPENDER EL MOVIMIENTO

Suspender el movimiento requiere todo el cuerpo y exige control y equilibrio; por el contrario, desplomarse significa moverse como una marioneta que se ha soltado de sus cuerdas o como un edificio en demolición. Todo el cuerpo y sus partes por separado pueden desplomarse. Pide al niño que muestre diferentes formas de suspender el movimiento y de desplomarse con todo su cuerpo. Pregúntale qué partes de su cuerpo puede suspender y desplomarse.

EJERCICIOS CON PELOTA DE GIMNASIO

EL TAMAÑO CUENTA

Antes de utilizar una pelota asegúrate de que sea del tamaño adecuado para el niño, pues no siempre es fácil encontrarla de 30 cm, que es la ideal para bebés y niños entre uno y cuatro años. Antes de adquirir la pelota adecuada, haz que el niño se siente sobre ella; sus piernas deben quedar en ángulo recto. De no ser así, es demasiado pequeña o demasiado grande. Los niños de estas edades que son altos y los que son un poco mayores, pueden necesitar una pelota de 40 cm. Si utilizas una pelota mayor, nunca dejes al niño utilizarla él solo.

LA SEGURIDAD ANTE TODO

Es importante tomar en consideración aspectos de seguridad cuando se trabaja con este tipo de pelota.

- El padre debe tener siempre el control de la pelota. Siéntate en el suelo con las piernas en V, con la pelota entre ellas, de esta forma puedes controlar la pelota. Si utilizas una pelota más grande, puedes trabajar estando de rodillas.

- Los bebés necesitan que se les sujete por el torso, pero a los bebés mayores y a los niños pequeños basta con sujetarles por los muslos. De este modo se obtiene el máximo beneficio del equilibrio y del desarrollo de los músculos centrales o troncales. Cuando el bebé está tumbado sobre la pelota boca abajo, sujétale por las nalgas mejor que por las piernas.

- Nunca permitas al niño ponerse de pie encima de la pelota. Los ligamentos de los tobillos son aún muy débiles y se dañan fácilmente.

ESTIMULANDO EL EQUILIBRIO

Todo tipo de movimiento estimula el equilibrio. Los cuatro movimientos básicos sobre la pelota son: hacia delante y hacia atrás, de un lado a otro, botando arriba y abajo, y rodando en círculo. Cuando el niño esté inclinado hacia un lado, siempre debes hacer una parada en la posición central (aunque sea solamente cinco segundos) antes de rotar la pelota en otra dirección.

La conclusión es que cualquier movimiento sobre la pelota estimula el equilibrio y el desarrollo troncal. Los límites dependen solo de tu imaginación.

MOVIMIENTOS DE MOTRICIDAD GRUESA GENERAL

- Balancearse en una hamaca
- Saltar dentro y fuera de aros
- Subir una rampa
- Patear
- Saltar
- Galopar
- Dar saltos de conejo
- Moverse por encima y por debajo de objetos en una pista de obstáculos
- Seguir al líder
- Moverse como un animal
- Colgarse de barras
- Columpiarse
- Saltar a la comba

PELOTA DE GIMNASIO PARA LOS RATOS DE CUENTOS Y TELEVISIÓN

Cuando el niño esté escuchando un cuento o viendo un episodio de dibujos animados en la televisión, haz que se siente en la pelota de gimnasio en vez de estar «tirado» en el sofá. De este modo se implican sus músculos centrales y tiene que concentrarse en no caerse.

EQUILIBRIO SENTADO

Si el niño pequeño se sienta bien, se le puede colocar encima de una toalla en un suelo liso. Tira de la toalla de forma suave a lo largo de la superficie. El movimiento le obligará a utilizar sus músculos centrales y equilibrarse para mantenerse derecho. Si esto divierte al niño, puedes moverle en distintas direcciones: izquierda, derecha y en círculo. Cada cambio de dirección le obligará a equilibrarse.

CARRERA DE OBSTÁCULOS

Monta un circuito de obstáculos en casa, utiliza objetos con superficies inestables como una manta gruesa, una colchoneta hinchable, cojines y almohadas. Aplica tu creatividad. Puedes utilizar una funda de edredón grande y llenarla de almohadas. Coloca todo esto en el suelo para que el niño camine por encima. Esta es una actividad muy apropiada para días lluviosos o muy fríos.

SEGUIR UNA SENDA

Crea una senda pegando con cinta adhesiva hojas de periódico al suelo y anima al niño para que camine por la senda hasta el final. Si funciona bien, haz curvas en la senda y pide al niño que se mantenga en ella.

ENCONTRAR EL TESORO

Instala una barra de equilibrio sencilla utilizando una tabla de unos 15-20 cm de ancho y colocada sobre el suelo para comenzar. El niño debe caminar a lo largo de la tabla equilibrándose mientras camina. Para incrementar el nivel de destreza, eleva la tabla un poco sobre el suelo. Puedes añadir otra dimensión al ejercicio de equilibrio incorporando una actividad que desarrolla la comprensión de las formas, por ejemplo. Empieza con una sola forma, como puede ser el círculo. Muéstrale el círculo y pídele que camine a lo largo de la tabla y encuentre el círculo en el cesto de las formas que se halla al final de la tabla. Después tendrá que buscar el cuadrado, el triángulo y la estrella. Puedes hacer lo mismo con animales de plástico o con juguetes blandos.

¿Vais a la playa? Correr por la arena de la playa es una estupenda actividad de equilibrio.

Empuja, tira y levanta

Carga una cesta de plástico o una caja de cartón con botellas de dos litros llenas de agua. Permite al niño empujarla y tirar de ella moviéndola por la casa. Se trata de una buena actividad para crear conciencia en los músculos y las articulaciones. Puedes utilizar los mismos elementos para jugar a «sogatira». Finalmente, déjale que coja las botellas y las lleve de aquí para allá y comenta con él lo pesadas que son. Después vaciad las botellas en el jardín (o en el lavabo) y comentad lo ligeras que son ahora. Llenar cestas con la compra puede ser divertido y práctico. Permite al niño que te ayude al hacer la compra.

Posterior

Superior

Anterior

Inferior

Izquierda ←→ Derecha

CRUZAR LA LÍNEA MEDIA

Ya hemos hablado sobre la importancia de cruzar la línea media. Pero ¿qué es la línea media y por qué es importante? La línea media es precisamente eso, es la media distancia entre dos puntos. El cuerpo del niño tiene tres líneas medias y las tres tienen que ser cruzadas para el desarrollo completo del GPS corporal:
• La línea media entre la parte anterior y posterior del cerebro y del cuerpo
• La línea media entre las partes superior e inferior del cerebro y del cuerpo
• La línea media entre el lado izquierdo y el derecho del cerebro y del cuerpo

Capacidad para cruzar la línea media

Cruzar las líneas medias es importante, pero es como cruzar un puente: hay que construir el puente antes de cruzarlo. El niño tiene que desarrollar conciencia de estas líneas medias antes de que pueda cruzarlas.
• La línea media entre la parte anterior y posterior se desarrolla cuando el niño se mece, cuando corre hacia delante y se para, y cuando corre hacia atrás y se detiene.
• La línea media entre las partes superior e inferior se desarrolla cuando el niño aprende a sentarse, cuando hace abdominales y flexiones, y se inclina y gira.
• La línea media entre el lado izquierdo y derecho del cerebro y del cuerpo, se desarrolla cuando el niño rueda a un lado y al otro, cuando levanta el brazo y la pierna del mismo lado del cuerpo mientras que el brazo y la pierna del lado opuesto se relajan.

ACTIVIDADES

CONDUCIR MI COCHE
Haz una carretera sinuosa pegando dos líneas paralelas de cinta adhesiva sobre la alfombra o el suelo. La cinta se despega fácilmente, y así puede ser una actividad adicional para los deditos del niño. También puedes pintar la carretera con tiza sobre un suelo exterior, se lava fácilmente. Pide al niño que «conduzca» un coche de cierto tamaño entre las líneas. El niño tendrá que gatear y mantenerse para hacerlo.

CAZAR LA LUZ
Utiliza dos linternas brillantes para jugar a pillar sobre el techo de la habitación. Oscurece la habitación y túmbate en la cama con el niño, cada uno con su linterna. Se trata de cazar la luz del otro sobre el techo. Podéis utilizar un puntero láser que da una brillante luz roja, sobre todo para el día; también hay láser de diferentes colores. MUCHO CUIDADO: no permitas que el niño enfoque la luz del láser en los ojos de nadie.

COGER BOLAS DE ALGODÓN
Vacía en el suelo un paquete de bolitas de algodón. Coloca una caja en el lado contrario a la mano que esté utilizando el niño y anímale a coger las bolitas de algodón con unas pinzas de ensalada o tenacillas para cubitos de hielo, y colocarlas dentro de la caja. Tendrás que enseñar al niño a utilizar las pinzas o tenacillas, pues, igual que las tijeras, tendrá que entender cómo se abren y se cierran.

EN EL AUTO DE PAPÁ
Utiliza un juguete que tenga volante para ayudar al niño a desarrollar su habilidad para cruzar la línea media. El niño tiene que coger el volante con las dos manos y conducir, anímale a que gire el volante. Puedes cantar «En el auto de papá» (la canción de los payasos de la tele). Como alternativa, puede hacerse simplemente fingiendo que agarra un volante muy grande con las dos manos y conduce por carreteras imaginarias con unas grandes curvas.

ECHAR AL BUZÓN
Haz un buzón con una lata o caja de cartón. Según el tipo de cosas que queráis meter dentro, corta diferentes rendijas en la tapa. La variedad de cosas para echar en el buzón puede incluir:
• tapas de botes pequeños
• monedas
• pinzas
• palillos.

PINTAR EL MURO
Con un cubo de agua y una gran brocha, pon al niño frente a una pared o muro exterior y anímale a «pintar» el muro con grandes trazos de arriba abajo y de izquierda a derecha. Es una gran diversión, especialmente en los meses de verano, y es también una buena forma de exponer al niño ante grandes superficies que le animan a cruzar la línea media. Cuando hagas con el niño actividades de pintar, no le des un papel pequeño porque no facilita cruzar la línea media; dale grandes piezas de papel, como la doble hoja del periódico, y anímale a utilizarlo todo.

«PALMAS PALMITAS»

La rima se acompaña de palmas que cruzan la línea media para chocar las manos del compañero.

Palmas, palmitas,
higos y castañitas,
azúcar y turrón
para mi niño/a son.
¡Palmas, palmitas,
que viene papá,
palmas, palmitas
que luego vendrá.
¡Palmas, palmitas,
que viene papá,
palmas, palmitas
que en casa ya está.

A CUCHARADAS

Coloca un recipiente a un lado del niño. Al otro lado, otro recipiente con alubias o con arroz.Utilizando una cucharilla o cuchara, ver cuán rápido es capaz el niño de llenar el recipiente vacío. Después hacerlo cambiando de lado.

MIND MOVES: MARCHA HOMOLATERAL

Levantar el brazo y la pierna izquierdos al mismo tiempo, y bajarlos de nuevo. Levantar el brazo y la pierna derechos, y bajarlos de nuevo. Este movimiento establece la línea media. Repetir al menos diez veces. Después seguir con la marcha bilateral.

El movimiento cablea el cerebro, la repetición lo hace eficiente.

MIND MOVES: MARCHA BILATERAL

Con la mano izquierda tocar la rodilla derecha que se levanta; alternar tocando con la mano derecha la rodilla izquierda. Hacerlo al menos 10 veces. Este ejercicio promueve cruzar todas las líneas medias.

MIND MOVES: TRONCO ROTADOR

Tumbado de espalda, los brazos en cruz, levantar las rodillas hasta la altura del pecho. Despacio ladear las rodillas juntas hacia la izquierda hasta que la rodilla izquierda toque el suelo; luego hacia la derecha hasta que la rodilla derecha toque el suelo. Los hombros y la espalda deben quedar pegados al suelo. El ejercicio tronco rotador proporciona las bases para cruzar todas las líneas medias.

MIND MOVES: FLEXIÓN DE TRONCO

De pie, con los pies separados a la anchura de las caderas, el cuerpo doblado por la cintura y los brazos colgando hacia abajo. Comenzar rotando de derecha a izquierda creando un círculo con el cuerpo y los brazos. Tras una parada breve en la posición de comienzo, cambiar la dirección, rotando de izquierda a derecha, haciendo el círculo lo más grande posible. Si el niño tiene dificultades para mantener el equilibrio, lo puede hacer sentado al principio, para evitar caerse. Este movimiento promueve el cruzar todas las líneas medias.

MIND MOVES: CUELLO ROTADOR

De pie y erguido. Imaginar que el cuello y la espina dorsal forman una cuerda de abalorios. Despacio, girar la cabeza todo lo posible hacia la izquierda y mantenerla ahí contando hasta ocho. Después, girar la cabeza todo lo posible hacia la derecha, siempre manteniendo la columna vertebral derecha. Mantenerla ahí contando hasta ocho. Este movimiento fomenta el cruzar las líneas medias laterales visual y auditiva.

MIND MOVES: MOVIENDO EL RATÓN
Ver este movimiento en la página 41.

MIND MOVES: INTEGRADOR BILATERAL

Coger con los dedos pulgar e índice de cada mano un lápiz o un palito con cintas de colores que cuelguen del mismo. Los lápices deben descansar simultáneamente sobre el dedo pulgar y el índice, y también sobre el dedo corazón. Mover los brazos en espejo, como si se estuviese dirigiendo un coro, a continuación cruzar la línea media con las dos manos a la vez. Este movimiento fomenta el cruzar las líneas medias visual y kinestésica.

JUGAR AL AIRE LIBRE

A los niños les encanta moverse y jugar; es lo propio de su naturaleza. La necesidad de moverse es una profesora innata que anima e impulsa a los niños a descubrir sus cuerpos y lo que sus cuerpos pueden hacer. Sus dibujos dan pistas bastante seguras de las partes de su cuerpo de las que es consciente y de qué partes no lo es. Recordemos que el desarrollo requiere tiempo y que se produce en una secuencia, no puede ser acelerado ni detenerse. Cuanto más se mueven los niños, más descubren su cuerpo y, lo que es más importante, cómo dejar de moverlo. Pero dejar de moverse (controlar el movimiento) solamente ocurre si el niño ha tenido gran cantidad de oportunidades para moverse; primero con el movimiento libre (antes de los tres años) y después, a medida que se va desarrollando, con menos movimiento libre y más movimiento controlado o experimentado.

Dibujar

Los dibujos de los niños comienzan por lo que parecen ser simples garabatos. Pero si les preguntas acerca del dibujo puede ser que te cuenten una larga historia sobre el mismo. En la fase siguiente aparecen figuras humanas reconocibles. En un primer momento la cabeza y el cuerpo son dibujados como una única entidad, porque así es como el niño se percibe a sí mismo. Entre los tres y los cuatro años, aún está descubriendo sus grandes músculos y no es consciente de los músculos pequeños en sus manos, pies y ojos (de aquí la ausencia de manos, pies y pupilas). La siguiente fase muestra separación entre la cabeza y el cuerpo; puede haber otros rasgos faciales más finos, pero aún no hay manos ni pies. A medida que se desarrolla el niño va añadiendo más detalles y podrán observarse un cuello definido, hombros, codos, dedos, pies y la línea del suelo.

No hay separación entre la cabeza y el cuerpo

La cabeza y el cuerpo aparecen separados, no hay pies ni manos

Más detalles y más definición

Conciencia corporal

La niñez temprana es un período excitante y muy enérgico, todos los momentos están llenos de oportunidades para que el niño descubra su cuerpo y descubra el entorno con todo su cuerpo (no solo con los ojos, con manos, el sentido del olfato, del gusto o del oído, sino también utilizando cada uno de los músculos de su cuerpo).

Los niños desarrollan una conciencia interna de su cuerpo, de cómo se mueven y de lo que pueden hacer con el tacto y con su motricidad gruesa (de los músculos grandes). A esto se le denomina «conciencia corporal» y se trata de un proceso complejo que implica a los sentidos, al cerebro y a los músculos que ayudan al cerebro a formar el mapa del cuerpo. Los sentidos envían un mensaje al cerebro para reconocer la parte del cuerpo antes de que el cerebro envíe un mensaje (por la vía del cableado nervioso) a los músculos para responder. Una vez que el cerebro reconoce una parte del cuerpo, puede utilizarla; pero si el cerebro no es consciente de una parte del cuerpo, no podrá utilizarla con facilidad o con destreza.

Orientación espacial

Cuando el niño ha conseguido un mapa corporal sólido, el paso siguiente será llegar a entender: «¿Dónde estoy? ¿Estoy delante, al lado, encima, debajo o detrás de la silla?». La habilidad de un niño para situarse a sí mismo, o bien un objeto, en relación a otro objeto, es lo que se llama «orientación espacial» y le permite verse él como un punto fijo, lo que le proporciona confianza y sentido de sí mismo. Una vez que el niño sabe dónde está, le resulta fácil saber dónde están otras cosas. La orientación espacial es la clave para planificar y organizar su entorno, su ropa y los juguetes. La orientación espacial es necesaria para que pueda reconocer formas y números, para secuenciar y cerrar una secuencia, lo cual derivará más adelante en un adecuado desempeño al copiar, escribir, deletrear, leer y especialmente en las matemáticas,..

> *Moverse es un signo de desarrollo. Detenerse es un signo de control de impulsos.*
>
> MOLLY DAVIES

Posición y dirección en el espacio

Cuando sabes dónde estás, puedes planificar: «¿Hacia dónde puedo moverme?». El niño necesita experimentar el movimiento y nombrar las direcciones en las que se mueve, antes de poder reconocer su posición en el espacio. «Puedo moverme hacia arriba y hacia abajo, a un lado y después al otro lado (izquierda y derecha), adelante y atrás, en medio, por encima, por debajo, dentro y fuera».

El equipamiento para juegos en el exterior invita al niño a descubrir todas estas diferentes posiciones cuando se columpia hacia delante y atrás, cuando sube la escalera y baja por el tobogán, cuando se mueve hacia la izquierda o a la derecha en el tiovivo, se sube a la casa del árbol o entra y sale de la casa de muñecas.

Solo cuando el niño sepa dónde está, podrá desarrollar el sentido de dirección que le ayudará a identificar dónde están otras personas, los objetos y, más adelante, los números y las letras en relación a sí mismo. «¿Están delante, detrás, en medio, arriba, abajo, a la izquierda, a la derecha, debajo, encima o a mi lado?». La conciencia corporal, la orientación espacial, la posición en el espacio y el sentido de dirección son todos conceptos abstractos y muy difíciles de enseñar si el niño no tiene la experiencia de estos conceptos a través de su propio juego en el exterior.

Desarrollar destrezas de motricidad gruesa al aire libre

Las destrezas de motricidad gruesa implican actividades tales como andar, dar patadas, lanzar, saltar, trepar y coger. Estas destrezas requieren un cuerpo desarrollado proporcionalmente, con una fuerza, control, equilibrio y coordinación tales que le permitan funcionar independiente de mamá, papá u otro cuidador. Las destrezas de motricidad gruesa se basan en el desarrollo del sentido del equilibrio para controlar el tono muscular y la direccionalidad, y son dirigidas por los ojos y los oídos para:
• tener un sentido o propósito
• responder a la entrada de información sensorial
• mantener la postura erguida
• tener una sensación de confianza e independencia.

Las destrezas de motricidad gruesa poco desarrolladas pueden reconocerse por el bajo tono muscular, pobre equilibrio, rechazo a jugar en el exterior, torpeza, movimientos descontrolados, tics y la necesidad de apoyos para sentarse o para mantenerse en pie durante cierto período de tiempo.

EL PARQUE INFANTIL

Un buen parque infantil cuenta con un fantástico equipamiento que invita a la actividad motriz constante. Puede ser metálico o de madera, si bien el metálico es mejor para la sujeción y no se astilla. Proporciona oportunidades para trepar, colgarse, balancearse, arrastrarse, columpiarse, empujar y tirar. Estos parques incluyen columpios, escalas fijas, cuerdas y redes para escalar, neumáticos y bidones para atravesar gateando, barras suspendidas o puentes de cuerdas para balancearse, escaleras horizontales de las que colgarse y un poste de bomberos y un tobogán por los que deslizarse.

EL DESARROLLO INTEGRAL DEL NIÑO

El movimiento constituye la base para el desarrollo físico, emocional, social y mental, así como para la habilidad de progresar de forma natural de un nivel al siguiente siempre que se den las oportunidades necesarias.

- **Físicamente.** El parque infantil mejora la conciencia corporal, la orientación espacial, moverse con coordinación y control, la coordinación ojo-mano y ojo-pie, el desarrollo global de la motricidad gruesa, el tono muscular, el equilibrio tanto sobre equipamiento estático como móvil, la estabilidad hombros-cintura y troncal, la lateralidad, cruzar la línea media, la sensación de dirección y posición en el espacio, la planificación motriz y la postura. A todo lo cual habría que añadir la exposición al sol, importante para la producción de vitamina D y para estimular el aporte de oxígeno al cerebro que favorece la concentración, la memoria y el aprendizaje. Las investigaciones indican que los niños que juegan al aire libre son menos propensos a la obesidad.

- **Emocionalmente.** El parque infantil proporciona al niño un sentido de sí mismo, retos, confianza, disfrute, diversión, amor por la vida, una liberación del exceso de energía, una disminución del estrés y favorece la expresión propia.

- **Socialmente.** El parque infantil es el lugar perfecto para aprender destrezas para la vida, tales como: autoconfianza, autoestima, tolerancia, liderazgo, saber cooperar, compartir, respetar el turno, resolver conflictos, interactuar con otros niños, priorizar, e incluso juego de roles.

- **Intelectualmente.** El parque infantil rodea a los niños de colores, tamaños y formas, lo que les permite experimentar conceptos abstractos. Estimula también la imaginación y la solución de problemas; despierta el pensamiento lógico para comparar, clasificar y secuenciar cosas; favorece la experimentación y el afrontar riesgos, las habilidades de comunicación, la regulación de la atención y la constancia; estimula el pensamiento creativo, destrezas matemáticas (primero, último, arriba y abajo, dentro y fuera, etc.) y la percepción visual (habilidad para determinar la profundidad y la altura, así como la izquierda y la derecha).

EL LIBRE ACCESO ES IMPORTANTE

- El movimiento es un componente esencial del juego y del aprendizaje, requiere espacio.

- El crecimiento y el desarrollo del cuerpo y del cerebro son inseparables.

- El principio de una buena pinza digital comienza por colgarse de barras o subir por una red.

- Una amplia experiencia en correr, trepar, colgarse y balancearse es necesaria para un buen aprendizaje de la lectura y la escritura.

- Las condiciones de estrechez de la casa de muchos niños activos, restringe su movimiento y su desarrollo.

- Todas las destrezas que preparan al niño para la escolaridad se construyen sobre el desarrollo de destrezas de motricidad gruesa y de equilibrio.

- Generalmente, el mejor aprendizaje tiene lugar fuera del aula.

- Tanto los niños como las niñas necesitan libertad para ser intrépidos en un ambiente de seguridad.

- Todo concepto científico y matemático que es experimentado primero en el parque infantil, es después entendido más fácilmente en un libro.

Un parque infantil es la forma ideal para lograr el desarrollo integral del niño de una manera agradable y lúdica. Con suficiente tiempo al aire libre, se consigue más fácilmente una buena conducta en el interior.

COORDINACIÓN OJO-MANO

La coordinación óculo-manual es la habilidad de utilizar los ojos para dirigir la atención y las manos para la ejecución de una tarea. Durante las actividades de coordinación ojo-mano, los ojos estiman la posición, la dirección, la distancia y la velocidad para guiar a las manos conforme a estos parámetros.

Importancia de la coordinación óculo-manual

La coordinación del ojo y la mano interviene en la habilidad del niño para apilar bloques, agarrar una pelota, botar un balón, construir un puzle, colorear, realizar trazos sencillos y dibujar, crear arte, unir los puntos que perfilan un dibujo, enhebrar cuentas o una aguja, utilizar las tijeras y atarse los cordones, por nombrar solamente algunas habilidades. En los quehaceres de cada día las manos están implicadas en tareas rutinarias tales como bañarse, vestirse, comer con cuchara y más tarde con tenedor y cuchillo, y en gesticular. Sin las manos, no sería posible juzgar el peso, la temperatura y la textura de las cosas. Las manos están involucradas en la mayoría de las actividades diarias, en la percepción y la comunicación, por lo que son especialmente importantes para pensar, para la autonomía, la autoconfianza y para relacionarse.

MIND MOVES: MASAJE MANUAL
Separar los huesos de las manos con suaves movimientos del dedo pulgar, empezando entre los dedos y avanzando hacia la muñeca. Realizar pequeños movimientos circulares sobre cada dedo para terminar con presión sobre cada uña. A continuación, abrir la palma de cada mano con movimientos circulares del pulgar desde la muñeca hasta las puntas de los dedos.

¿SABÍAS QUE...?

• Los ojos son los músculos más activos del cuerpo. • La visión es el último de los sentidos en desarrollarse. • El cerebro dedica más superficie a dar sentido a la visión que a cualquier otro sentido. • Los ojos contienen unos 120 millones de bastones que responden a la luz y ayudan a ver en la oscuridad. • Los ojos contienen unos seis millones de conos que se ocupan de la visión del color y de la percepción visual • Unos músculos troncales fuertes (músculos abdominales y lumbares) sirven de apoyo a los músculos oculares.

ACTIVIDADES

FABRICA TU PROPIO EMBUDO PARA COORDINAR EL OJO Y LA MANO

Con una botella de plástico de dos litros, cortada a unos 15 cm desde el tapón, se obtiene un embudo colocándolo boca abajo. Muestra al niño cómo echar arroz o alubias por el embudo. Después, anímale a que eche garbanzos por el embudo en un vaso alto. Pregúntale si el vaso está lleno o vacío. A continuación, pídele que vuelva a poner los garbanzos en su recipiente y pregúntale de nuevo si el recipiente está lleno o vacío.

ACTIVIDADES GENERALES DE COORDINACIÓN OJO-MANO

- Jugar con juguetes de empujar y de tirar.
- Soplar y coger con la mano pompas de jabón.
- Lanzar y recoger pelotas de diferentes tamaños y texturas.
- Practicar la puntería lanzando bolsas llenas de alubias a una almohada o en una papelera.
- Palmear un globo.
- Enroscar tapones de recipientes.

Experimentar de esta forma ayuda al niño a entender diferencias en cuanto a la capacidad según el recipiente. Enséñale al niño que algo está medio lleno y no medio vacío; se trata de una forma positiva de mirar la vida y, a estas edades, solo puede generar optimismo. No te preocupes por lo que caiga al suelo, déjale jugar libremente y después enséñale a limpiar lo que ha caído. Aprovecha el embudo para utilizarlo como juguete para coger cosas. Haz rodar una pelota y que el niño, cogiendo el embudo por la parte estrecha, lo utilice para recogerla.

¿SABÍAS QUE...?

- Tenemos 27 huesos en cada mano.
- Aproximadamente 40 tendones y 20 músculos conectan con la mano. • La destreza de la mano se debe a una combinación de músculos, ligamentos, huesos y cápsulas articulatorias en la misma. • Los dedos se manejan por control remoto ya que no hay músculos dentro de los dedos. Los músculos que doblan las articulaciones de los dedos están en la palma de la mano y en el centro del antebrazo, conectándose con los huesos de los dedos por medio de tendones que los mueven y tiran de ellos como las cuerdas de una marioneta.

COORDINACIÓN OJO-PIE

La coordinación óculo-podal es la habilidad para realizar acciones con los pies, guiados por los ojos. Los ojos estiman la posición, dirección, distancia y velocidad con los que guían a los pies para responder. El niño que tiene una pobre coordinación ojo-pie es más propenso a tropezar y/o trata de evitar los juegos físicos y los deportes.

MIND MOVES: MASAJE PODAL
Suavemente presionar entre los huesos de cada pie, desde los tobillos hasta los dedos. En la planta del pie, con los pulgares, hacer movimientos circulares abriendo el pie desde el talón hasta los dedos. Con el pulgar, realizar pequeños movimientos circulares en cada dedo para finalizar con presión sobre cada uña.

¿SABÍAS QUE...?

• El pie tiene 26 huesos, 33 articulaciones, más de 100 músculos, tendones y ligamentos. • Los pies y sus dedos son esenciales para el movimiento del cuerpo. Soportan e impulsan el peso del cuerpo mientras camina o corre.
• Los pies y sus dedos ayudan a mantener el equilibrio.

El cuerpo entero está representado en las plantas de los pies.

ACTIVIDADES

ACTIVIDADES GENERALES DE COORDINACIÓN OJO-PIE

• Chutar pelotas de diferentes tamaños.
• Coger juguetes con los dedos de los pies y meterlos en una caja.
• Con los dedos de los pies, agarrar pañuelos de papel, arrugarlos y tirarlos en un recipiente. Después mover el recipiente al otro lado del cuerpo.
• Caminar descalzo sobre diferentes superficies: baldosas, asfalto, adoquinados, madera, arena y en el agua.
• Subir a un parque infantil metálico y de madera para sentir la diferencia de textura y de grosor entre las barras.
• Subir escaleras de cuerda.

PARAR UN OBJETO RODANTE

Suavemente haz rodar una pelota hacia el niño y pídele que pare la pelota con su pie. Esto necesita práctica ya que requiere equilibrio y coordinación. Cuando ya domine el parar una pelota grande, hazlo con una de tenis.

CAMINAR SOBRE PIEDRAS

Las piedras sobre las que caminar se pueden hacer con diferentes materiales. Utiliza papeles recortados con formas diversas. Para niños algo mayores se pueden utilizar pelotas de playa desinfladas (pero no del todo), porque así se añade una mayor exigencia de equilibrio a la actividad. Coloca las «piedras» en línea recta, después en curva y finalmente en zigzag, de modo que suponga un mayor reto para las habilidades de coordinación óculo-podal del niño.

CAMINAR SOBRE UNA ESCALERA DE MANO

Coloca en el suelo una escalera de mano y anima al niño a que pise entre los travesaños, levantando los pies lo suficiente para no tropezar y caerse. Cuando ya domina lo anterior, el niño un poco mayor puede saltar los travesaños con los dos pies juntos y posteriormente, caminar sobre los travesaños manteniendo el equilibrio.

GOLPEAR EL OBJETIVO

Coloca en fila varias botellas de plástico llenas de arena, el niño debe chutar una pelota contra las botellas. El objetivo es tirar el mayor número de botellas de una vez.

TEJO O RAYUELA

Dibuja con tiza un modelo de rayuela sobre cemento o cualquier pavimento. Se puede utilizar de dos formas diferentes: saltando con los pies juntos en un cuadro y después en dos cuadros con un pie en cada uno; o bien lanzar el tejo dentro de un cuadro y saltar de cuadro en cuadro para recuperarlo.

APRENDER LAS FORMAS CON TODO EL CUERPO

Aprender las formas es aburrido y repetitivo; por lo tanto, ¡es tu trabajo hacerlo divertido! Dibuja formas pequeñas y grandes sobre el pavimento con tiza, puedes utilizar colores diferentes. Pide al niño que salte dentro del «círculo grande», del «cuadrado pequeño» o del «triángulo azul». Puedes utilizar las formas grandes para practicar el equilibrio pidiendo al niño que camine sobre la línea de la figura. Dile que camine por el borde del «círculo grande», de los dos lados largos del «rectángulo», y después de los lados cortos. Según va siguiendo tus instrucciones, debes decirle: «Este es el lado largo del rectángulo» y «este es el lado corto del rectángulo», por ejemplo.

CAMINAR CON LA PELOTA

¿Puedes hacer «caminar» la pelota dándole pequeñas patadas mientras caminas por una senda? Anima al niño a mantener el control de la pelota, empujándola lo justo para mantenerla moviéndose.

PISAR Y COGER

En un extremo de una tabla balancín, coloca una bolsa con semillas, pisa fuerte sobre el otro extremo del balancín y coge la bolsa con las dos manos cuando está en el aire. Al principio, es más fácil coger la bolsa contra el cuerpo, pero después debe cogerla con las manos separadas del cuerpo, para finalmente hacerlo con

una sola mano.

Hablemos de zapatos

A menudo nos encontramos con madres tan obsesionadas por comprar los zapatos más apropiados que se olvidan de que el niño necesita también caminar descalzo. Caminar descalzo ayuda a desarrollar el arco de los pies y a fortalecer los tobillos. Caminar sobre superficies irregulares, tales como la arena y la hierba, fortalece aún más los músculos y tiene la ventaja de añadir experiencias táctiles al sistema sensorial. De hecho, al aire libre es mejor correr y jugar descalzo. El niño que juega en el parque infantil descalzo, tiene mayor equilibrio, ya que puede sentir la barra y «agarrarse» a ella con su pie.

¿Qué debemos hacer para las ocasiones en que debe ir calzado? Elige zapatos que sean «lo menos» zapato posible. Deben ser flexibles; las suelas de cuero o de goma son las mejores. Deben poder doblarse fácilmente entre los dedos pulgar e índice de la mano. Si bien los zapatos de marca lucen bonitos, raramente sabemos lo que ocurre por dentro y lo que pueden causar a los huesos del pie del niño pequeño. Los zapatos deben ser bajos y preferentemente de cuero para que respiren. El calzado tipo bota limita el movimiento de los tobillos, según los expertos. Los zapatos de los niños más pequeños deben tener las suelas lisas, sin tacones. Los pequeños tienen bastante con mantener un buen equilibrio como para que se les añadan suelas resbaladizas o tacones. ¿Una niña de dos años con tacones? Puede ser divertido para una fiesta de disfraces, pero no para caminar todos los días.

Busca zapatos flexibles, de cuero y bastante amplios para que los dedos se puedan mover dentro. Más grande, en este caso, es mejor. Y hay que estar pendiente de la talla porque los niños parecen crecer de un día para otro. No se deben pasar los zapatos a los hermanos o amigos porque se amoldan al pie y no es bueno usar zapatos que están amoldados a otro pie diferente; a menos que apenas hayan sido usados. Recuerda que unos calcetines muy apretados tienen similares efectos que unos zapatos muy pequeños.

Se supone que los zapatos son para caminar… pero ¿lo son? El mejor calzado para tu hijo son ¡sus pies descalzos!

Desarrollo de la motricidad fina

La motricidad fina hace referencia a los movimientos de las manos, muñecas, dedos, pies, dedos de los pies, labios, lengua y ojos. Requiere un elevado grado de control y de precisión; engloba múltiples actividades tales como vestirse, utilizar los utensilios para comer, dibujar, trazar formas, cortar con tijeras y, más adelante, escribir y leer.

EL DESARROLLO DE LAS MANOS

- Al nacer, las manos son pequeños puños que se cierran alrededor de cualquier cosa que toque las palmas.

- A los pocos meses las manos comienzan a golpear los objetos, pero es una acción casual.

- Un feliz día el bebé descubre sus manos y comienza a girarlas con admiración.

- Poco después comienza a juntar sus manos y a alcanzar un objeto deliberadamente.

- Agarra utilizando toda la mano y la mayoría de las cosas las lleva a la boca.

- En cuanto es capaz de estar bien sentado, empieza a pasar los juguetes de una mano a la otra.

- El gateo fomenta que el dedo pulgar se mueva en dirección opuesta al resto de los dedos y suele coincidir con el comienzo del lenguaje.

- El gateo desarrolla el tono muscular de las manos y de la cintura escapular y muy pronto comienza la pinza digital (pulgar e índice) y con ello el juego de coger y soltar.

- Al mismo tiempo, la muñeca aprende a girar, de forma que las manos se muevan independientes del brazo.

- Comer solo es una actividad algo caótica, pero muy divertida.

- Apilar bloques y tirar de los encajables para desencajarlos se convierten en actividades favoritas que desarrollan el tono muscular y la coordinación.

- Construir un puzle sencillo resulta divertido, lo mismo que garabatear con ceras.

- Jugar con instrumentos musicales puede ser ruidoso, pero al cabo de un tiempo va cogiendo ritmo.

- Lentamente sus manos van siendo más flexibles, y con ello desvestirse y vestirse empieza a ser más fácil.

- Dibujar y pintar se convierten en actividades diarias, pero aún le llevará un tiempo recortar con facilidad y más aún atarse los cordones de los zapatos.

Las manos y la boca se encuentran en el mismo bucle neurológico, por lo que resulta razonable que las destrezas creativas desarrollen la habilidad del niño para expresarse eficazmente.

MODELAR

Jugar con masa para modelar es excelente para el desarrollo del control de las habilidades de la motricidad fina, a la vez que resulta emocionalmente tranquilizador.

- Al principio, puede que el niño solamente quiera explorar la masa entre sus manos, apretándola y, probablemente, comiéndola. Puede que no quiera hacer nada concreto con ella, pero es feliz enrollándola y cortándola.
- A medida que el niño crece, puedes enseñarle a hacer una serpiente o una bola con sus manos. Puedes hacer pequeñas bolas para que él las aplaste con su dedo índice.
- Enséñale a imprimir cosas en la masa. Es algo que le mantendrá bastante tiempo entretenido puesto que explorará diferentes figuras que puede hacer sobre ella.
- Puedes utilizar la masa para enseñarle los colores. Coge los colores primarios, separa una bolita de amarillo y otra de azul y háblale de cada uno de esos colores; escóndelos detrás de tu espalda y mézclalos con tus manos. Enséñale la magia que acabas de hacer y deja que él intente crear el verde. Amarillo y rojo hacen el naranja, azul y rojo el morado.
- Cuando el niño se acerca a los 4 años, empezará a hacer personas y animales; debes entender que el niño no quiera deshacerlos cuando se termina el tiempo de la actividad; déjale que los conserve en una caja de plástico.
- A partir de los 5 años, es mejor utilizar plastilina; es un material más duro y, por tanto, trabaja mejor las manos.

RECETA FÁCIL DE MASA PARA MODELAR

2 tazas de harina

4 cucharadas de cremor tártaro

Colorante en polvo

2 cucharadas de aceite de cocina

1 taza de sal

2 ½ tazas de agua hirviendo.

NOTA: Si se pisa masa encima de la alfombra, déjala que se seque. Después raspa la parte más gruesa y quita el resto con un cepillo. No pongas agua pues solo esparciría la mancha.

Preparación: Mezcla los ingredientes secos en un cuenco grande. Pon el aceite y la sal en una jarra y añade agua hirviendo, mézclalo rápidamente y añádelo a los ingredientes secos. Amasa bien la pasta hasta que quede suave y déjala en un recipiente de plástico. No es necesario conservarla en el frigorífico.

ACTIVIDADES

ESCONDER ANIMALES

Necesitas masa de modelar y algunos animales de plástico pequeños. Esconde un animal en la masa y pregunta: «¿Dónde se ha ido el elefante?». El niño debe retirar la masa para encontrar dentro el animal (muy bueno para sus deditos). Para incrementar el reto, haz varias bolas de masa sin animales dentro.

Apretar fortalece la propiocepción y la discriminación táctil. Ir quitando la masa mejora la planificación motriz, las destrezas de motricidad fina y la coordinación bilateral. Buscar el objeto mejora la atención.

El arte creativo produce suciedad.
No desapruebes la suciedad.
Anima a limpiarla.

ROBIN WIENAND

ARTE CREATIVO

El arte creativo es una forma de que el niño pequeño, con un vocabulario limitado, comunique pensamientos y emociones. La creatividad es un excelente medio para que el niño con hemisferio derecho dominante disfrute con formas creativas de expresarse. Para un niño con hemisferio izquierdo dominante, es una forma estupenda para desarrollar habilidades de solución creativa de problemas y destrezas sociales.

Puede parecer que el arte creativo es solo una actividad de diversión sin que juegue otro papel en el aprendizaje y el desarrollo del niño, sin embargo:

- Es fundamental para la necesidad que tiene el niño pequeño de expresar lo que va comprendiendo del mundo que le rodea.
- Es un medio del que dispone el niño para representar simbólicamente sus pensamientos.
- Permite al niño organizar su entorno, y obtiene a cambio la sensación de control.
- Es una forma lúdica de desarrollar movimientos de motricidad fina, destreza esencial de la preescritura (y cuando el niño «lee» sus dibujos y explica lo que ha pintado, el arte creativo es también una destreza de prelectura).

DIBUJAR

Dibujar es el primer paso hacia la escritura. El niño puede dibujar tumbado, sentado, de pie, mientras una mano sujeta el papel y la otra mano hace los trazos. Utiliza grandes pliegos de papel porque el niño pequeño dibuja con todo su cuerpo. Cuando haya adquirido destreza y sus movimientos sean más controlados, entonces utiliza papeles más pequeños (A4).

QUÉ UTILIZAR

Dibuja con:
- Palos gruesos y finos sobre la arena, barro, o una piedra sobre cemento
- Carbón vegetal o palos parcialmente quemados
- Con un dedo mojado en agua
- Con espuma de afeitar en ventanas y azulejos
- Lápiz de labios desechados
- Ceras gruesas y finas
- Rotuladores gruesos y finos
- Lápices de colores
- Bastoncillos de algodón y lejía sobre papeles de color
- Ceras sobre una superficie áspera.

También se pueden hacer calcos cubriendo con un papel hojas de plantas o papel de lija y frotando viejos trozos de ceras sobre la superficie.

X

Los niños zurdos y los diestros deben coger el lápiz o la pintura con el mismo tipo de pinza de tres apoyos. Deben coger el lápiz entre el pulgar y el extremo del dedo índice, apoyado en el dedo medio. La punta del lápiz deben tenerla a la vista todo el tiempo.

PINTAR

Pintar es una gran diversión, pero también puede ensuciar. Cubre siempre el lugar con periódicos o con plásticos para protegerlo de salpicaduras.

- Pónselo fácil al niño para que sea un éxito. La pintura debes mezclarla en recipientes estables, que no vuelquen con facilidad.
- Pintar proporciona una oportunidad muy interesante para aprender sobre los colores. Pinta el mango del pincel del mismo color que tiene su recipiente para evitar que se mezclen colores sin querer. Lleva su tiempo enseñar al niño pequeño a que ponga de nuevo la brocha roja en el bote de color rojo, por ello introduce un solo color cada vez. Comienza con el rojo o el azul y después añade el verde, naranja y amarillo.
- Niños un poco mayores disfrutan mezclando colores para crear otros nuevos, para ello puedes utilizar bandejas de cubitos de hielo. Más adelante, introduce el negro y el blanco para que vayan descubriendo tonos del mismo color.
- Utiliza variedad de brochas y pinceles con tiempo; cuanto más pequeño el niño, más gruesa ha de ser la brocha. Cambia las brochas a medida que el niño domine las más gruesas.
- Si añades un poco de detergente en polvo o líquido de lavavajillas a la pintura, será más fácil limpiar las manchas.

Pintar de formas diferentes

Se puede pintar de forma creativa e innovadora, por ejemplo:
- Pintar con brochas gruesas y finas
- Pintar con brochas redondas y planas
- Salpicar pintura con la brocha
- Hacer calcos con pintura
- Poner jabón en la pintura y soplar pompas
- Poner un chorrito de pintura sobre el papel y, con una pajita, soplar la pintura en diferentes direcciones
- Pintar con los dedos
- Imprimir huellas de manos y pies con pintura
- Imprimir con sellos recortados en patata
- Utilizar colorantes de alimentos en la pintura.

Disfruta el tiempo de pintar

Para pintar, las manos se manejan de forma diferente a la de coger el lápiz, lo que proporciona una excelente experiencia táctil y muchas oportunidades de diversión. Es muy importante recordar que pintar es un proceso de exploración y lo que menos importa es el producto final. Todas las creaciones del niño deben ser valoradas como un paso hacia el siguiente nivel de desarrollo. Así pues, muestra con orgullo todos esos garabatos y conserva unos pocos en un lugar especial; aunque solo sea para recordarte el «viaje» que ha emprendido tu hijo.

CONSEJO: Coloca un amplio mantel de plástico debajo de la mesa donde pinte el niño, resultará mucho más fácil limpiar.

Pasos en la pintura y el dibujo

- **2-3 años.** La pintura comienza por un borrón sin forma específica. Los dibujos parecen garabatos al azar; progresa hacia círculos y líneas, pero el niño es capaz de «leer» sus dibujos y decirte de qué tratan.
- **3-4 años.** Es la edad en la que el niño dibuja personas (un círculo con brazos y piernas que salen de la cabeza).
- **4-5 años.** Los dibujos presentan muchos más detalles: ojos, boca, cuerpo, pelo y elementos del paisaje (hierba, árboles, el sol, etc.)
- **5-6 años.** Es el comienzo del dibujo planificado, el niño piensa antes de poner el lápiz sobre el papel. Sus dibujos comienzan a representar cosas distintas a las personas, como sucesos, viajes o cosas familiares como casas, granjas, el espacio y policías. Al dibujar personas empieza a incluir una cantidad indeterminada de dedos distribuidos como si fueran un cepillo de dientes.
- **6-7años.** Hacia los seis años, los dibujos de personas son claros y llenos de detalles, incluyendo ropas, cuellos, narices, orejas, cejas y un número correcto de dedos.

Garabatos al azar

Comienza a dibujar personas   Más detalles

Y todavía más detalles

ACTIVIDADES

PATO DE PAPEL

Pinta de amarillo un pequeño plato de cartón. Cuando esté seca la pintura dobla el plato por la mitad. Sobre cartulina, deja la huella de dos manos en color naranja. Recorta las manos y pega las palmas sobre el plato doblado. Recorta un pico de cartulina naranja y pégalo también, así como dos grandes ojos redondos. Todo esto se convertirá en un pequeño patito que incluso se mantendrá de pie.

TOPES PARA PUERTAS

Coge piedras de un tamaño intermedio (pueden ser de un vivero, del río o de tu propio jardín) y píntalas con pintura acrílica. Cuando estén secas, pulverízalas con barniz transparente y añádeles ojos redondos y unas pequeñas escobillas como antenas. Utilízalas como topes para puertas.

LIRIOS CON MANOS IMPRESAS

Estampa la huella de dos manos en colores rojo y naranja. Recórtalas y enrolla los dedos alrededor de un lápiz, dejando la palma de la mano para formar un cono con los dedos rizados hacia afuera. Grapa la flor en una pajita y añádele hojas verdes. Haz un ramo de esos lirios (y dáselo a la abuelita como regalo).

ESTAMPADOS

Una bonita forma de iniciar estampados consiste en colocar una toallita o paño absorbente en una bandeja. Saturar el paño de pintura y utilizarlo como almohadilla de estampado. Puedes estampar con toda clase de objetos: utiliza un coche de juguete y hazlo rodar a lo largo de la almohadilla y luego sobre la hoja de papel, por ejemplo. O utiliza figuras de plástico para hacer impresiones. La única limitación estará en tu imaginación.

Recuerda que el papel debe ser grande y anima al niño a que lo llene todo.

HAZ TU PROPIA PINTURA

MAICENA (HARINA DE MAIZ)
PINTURA DE DEDOS

3 tazas de agua
1 taza de harina de maíz
Colorante alimentario

En un cazo de tamaño mediano, hierve el agua. Disuelve la maicena en otro recipiente con agua. Retira el agua hirviendo del fuego y añádele la pasta de maicena. Ponlo a calentar removiendo todo el tiempo. Hiérvelo hasta que la mezcla esté espesa y uniforme (más o menos 1 minuto). Retíralo del fuego.

Mientras la mezcla se enfría, sepárala en diferentes recipientes y añade colorantes alimentarios. Deja al niño que, con cuidado, mezcle el colorante. Añade una cucharada sopera de glicerina para que la mezcla quede brillante.

PINTURA DE DEDOS FÁCIL

2 tazas de harina blanca
2 tazas de agua fría
Colorante alimentario

Pon el agua en un cazo grande. Vete añadiendo la harina despacio mientras el niño lo remueve. Cuando todo está bien mezclado, divide la mezcla en recipientes más pequeños y añade los colorantes.

PINTURA INFLADA AL
MICROHONDAS

Anima a los niños a ser creativos con esta receta que logra una fabulosa pintura que se hincha al calentarse en el microondas.

1 cucharada sopera de harina con levadura
1 cucharada de sal
Unas gotas de colorante alimentario

Mezcla los ingredientes usando suficiente agua para lograr una pasta suave. Haz tres o cuatro colores (son muy prácticos los vasos de yogur vacíos). Pinta con ello sobre papel grueso o sobre cartón. Mételo en el microondas a temperatura alta durante unos 10 segundos o hasta que la pintura esté seca.

DIVERSIÓN VISCOSA

Con espuma de afeitar, espuma de baño y crema de manos se hace una sustancia viscosa muy práctica para ser creativos. Espuma de afeitar o espumas de baño (de diferentes variedades: melocotón y albaricoque, kiwi y fresas, etc.), son una buena apuesta. Procura tener a mano una bandeja y toallas con las que limpiar.

Derrama, esparce o pon una cucharada de lo que sea que estás utilizando en la bandeja. Pídele al niño que lo presione con las palmas de ambas manos y lo remueva hasta conseguir una mezcla suave. Aquí comienza realmente la diversión:

- Puede lavar sus manos dentro del pringue o incluso frotárselo por todo el cuerpo.
- Puede dibujar o escribir en ello.
- Hacer el 8 tumbado.

- Trazar una senda.
- Hacer rodar coches por la senda. Hacer rodar dos coches de juguete a la vez, uno con cada mano.

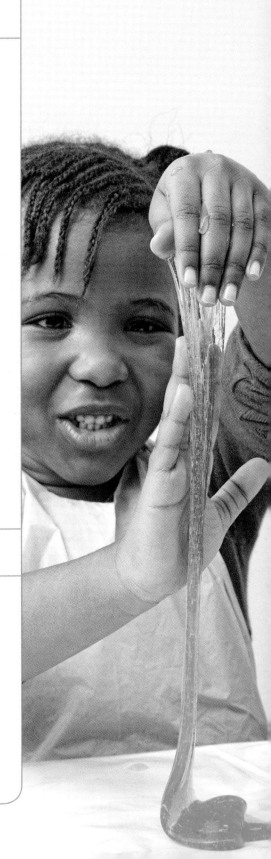

ACTIVIDADES

ESTAMPAR CON RODILLO

Corta formas y figuras en láminas de goma eva y pégalas a un rodillo de amasar de juguete. Deja al niño que haga diseños de impresión utilizando el rodillo. Esta también es una buena actividad bilateral.

IMPRIMIR CON EL PULGAR

Con una almohadilla para estampar (hecha en casa o comprada) el niño puede imprimir con el dedo pulgar y convertirlos en animales, añadiendo:

- Unos ojos saltones que pueden mejorar la obra de arte
- Alas con franjas para una abeja
- Dos pares de alas oblongas para hacer una libélula
- Tres pares de patas y ojos para una hormiga
- Piernas, brazos y un sombrero, también ojos, para hacer una persona.

Pintar con estampado

Utiliza una hoja de papel tamaño A3 cortada en tiras de 15 cm. Puede servir para que el niño explore formas y colores a la vez que estimula los movimientos de izquierda a derecha y mejora la lateralidad.

HACER UNA ALMOHADILLA PARA ESTAMPAR

Disponiendo de una bandeja de plástico pequeña, corta, al mismo tamaño, un trozo de trapo o de toalla vieja. Coloca la toalla en la bandeja e imprégnala con pintura. Este sistema es mucho menos sucio y más controlable por parte del niño que solamente la pintura.

IDEAS PARA ESTAMPADOS

Se pueden hacer sellos para estampar con una infinita variedad de objetos de uso diario.

- Cubos de apilar • formas geométricas • hojas • formas cortadas en patata
- formas cortadas en esponja.

En las tiendas de juguetes pueden encontrarse también muchos tipos de sellos para estampar.

RECORTAR

Recortar es una destreza avanzada de motricidad fina. Los niños deben dibujar, rasgar papel, montar puzles, jugar con masa y construir con bloques para fortalecer los dedos antes de avanzar hacia el recortado. Asegúrate de que dispones de unas tijeras romas tanto para diestro como para zurdo, en caso de que tu niño sea zurdo.

Los niños deben fortalecer sus dedos con otras actividades antes de progresar hacia el recortado.

Pasos para enseñar a recortar

- Enseña al niño cómo se abren y cierran las hojas de la tijera.
- Déjale que abra y cierre las tijeras, cortando el aire, pero alejadas del cuerpo.
- Corta algo firme pero fácil de cortar, como masa de modelar, y que experimente su éxito.
- A continuación, sujeta el papel para que corte libremente; no por la línea.
- Pon al niño en tu regazo o de pie de espaldas a ti; coge sus manos con las tuyas, sujeta con él las tijeras y el papel y recorta libremente.
- Traza unas líneas gruesas y rectas para que el niño corte por la línea. Ayuda si le vas contando la historia de un hambriento cocodrilo a quien le gusta comer líneas. Al terminar la actividad pon al cocodrilo en una jaula pegando tiras de papel sobre el dibujo de un cocodrilo.
- Corta sobre líneas finas.
- Corta formas con lados rectos
- Corta círculos enseñándole cómo ir girando el papel al cortar.
- Corta un dibujo sencillo por su contorno.
- Haz recortes para crear un collage.

PEGAR

Trabajar con pegamento es difícil para unos dedos pequeños y torpes. Igual que recortar, trabajar con pegamento es una destreza avanzada. Es más fácil utilizar pegamentos de barra, aunque sean algo más caros. Haz una mezcla de la cola para pegar papel pintado en un recipiente grande o bien haz tu propio pegamento en botes o jarras consistentes y utiliza brochas planas o aplicadores plásticos de pegamento.

HACER PEGAMENTO

½ taza de harina

¾ de taza de agua fría

Mezcla la harina con el agua hasta conseguir una pasta ligera. Hierve la mezcla durante unos minutos a fuego lento, removiendo todo el tiempo hasta que espese. Diluye con agua fría y déjalo enfriar. Guárdalo en un recipiente hermético.

ACTIVIDADES

Antes de que el niño sea capaz de disfrutar de actividades de pegado, deberás enseñarle cómo dar la vuelta al dibujo para extender una fina capa de pegamento de extremo a extremo, dejar la brocha en el pegamento, dar la vuelta de nuevo al dibujo y colocarlo sobre otro papel; y frotar por encima suavemente para que se pegue toda la superficie.

COLLAGE PEGAJOSO

De una caja de cartón recorta un rectángulo que sea lo más grande posible. Recorta un trozo del mismo tamaño de un papel adhesivo. Grapa el adhesivo al cartón de tal forma que cuando despegues la protección del adhesivo, quede hacia arriba la superficie pegajosa. Asegúrate de que las grapas quedan bien dobladas hacia dentro para que no puedan dañar los deditos del niño. Recoge variedad de trozos de telas, plumas, papel de celofán, botones y demás elementos válidos para un collage. Ahora quita la protección del adhesivo y permite al niño que pegue las piezas en la base adhesiva para el collage. El hecho de que los dedos del niño se adhieran a la superficie pegajosa le aporta una nueva experiencia táctil.

CAPTADOR DE SOL

Corta el centro de un pequeño plato de papel (mejor si es de un solo color), dejando todo el margen como marco. Pon pegamento de contacto alrededor del hueco y pega trozos de papel de celofán. Si el niño es un poco mayor puede crear una escena cortando siluetas de peces y algas. Una vez que tenemos lo anterior, recorta un círculo de papel de celofán un poco mayor que el recortado en el plato y colócalo sobre la obra de arte para formar una ventana. Haz un agujero en la parte superior del plato de papel para colgarlo con una cuerda en una ventana de forma que la luz juegue sobre el centro de celofán.

COLLAGE

Haz un collage sencillo pegando viejas tarjetas o fotos de revistas y periódicos. A este collage añádele trocitos de telas, botones o plumas. Sé creativo y usa también pintura.

PEGATINAS GELATINOSAS PARA RASCAR Y OLER

Reúne fotos de frutas, tales como naranjas, fresas, arándanos, lima y piña. Compra gelatina y polvos para hacer bebidas, de los mismos sabores que las frutas.

Recorta las fotos de las frutas que has reunido. Disuelve la gelatina en una taza de agua templada, dejándola que se enfríe a temperatura ambiente. Con ella pinta al dorso de las frutas recortadas y deja que seque completamente. El papel se endurece y se vuelve pegajoso cuando la gelatina está seca.

Ahora los niños pueden lamer la parte posterior de la pegatina, experimentar el sabor y pegar esa fruta. Si quieres hacer un ejercicio de rascar y oler, puedes mezclar los polvos de bebida con un poco de agua y pintar las fotos por delante. Deja que se sequen del todo. Ahora el niño puede rascarlas y olfatearlas antes de probar su sabor.

COCINAR

Cocinar es un arte creativo comestible y es también una actividad de motricidad fina muy popular. Combina todas las destrezas adquiridas a través de otras actividades creativas, con una recompensa al final: ¡comértelo!

Cocinar es también el momento ideal para enseñar higiene a los niños. Comienza por lavar las manos y secarlas, puesto que los niños pequeños aprenden mejor poniendo las cosas en la boca y, cuando se cocina, esto puede ocurrir muchas veces. Hay que explicarle que si se pone las manos en la boca, tiene que lavárselas de nuevo antes de seguir cocinando.

PARA EMPEZAR

- Empieza con actividades básicas tales como esparcir azúcar glasé o decorar una galleta.
- Hacer gelatina o leche de sabores es fácil y divertido.
- Extender mermelada o manteca de cacahuete sobre una rebanada de pan puede ser difícil, pero a los niños les encanta cortar el pan en trozos.
- También pueden cortar trozos de fruta para una macedonia de frutas y rodajas de vegetales para la sopa. Naturalmente hay que supervisar siempre al niño que está utilizando un cuchillo.

DIBUJAR UNA RECETA

Sé innovador con un niño de cinco años. Dibuja los pasos de una receta en un cartón o papel y déjale que la «lea». Crea una cara con una rodaja de manzana como base, pasas o rodajas de kiwi como ojos, una zanahoria para la nariz y un gajo de naranja como boca.

Empieza por mostrar al niño los ingredientes que has utilizado para el dibujo. (Acuérdate de exprimir jugo de limón sobre la manzana para que no se ponga marrón). A continuación habla con el niño de lo que necesita hacer para crear la cara de forma que se parezca a la del dibujo.

LOS EFECTOS DE LA TELEVISIÓN

Seguramente has visto algún niño pequeño pasmado frente al televisor, los ojos muy abiertos y «concentrado». A medida que pasa el tiempo verás que su mandíbula se relaja, la boca le cuelga abierta y, si pasas por delante de él o le hablas, se inclinará para seguir viendo la pantalla. ¡Está en otro mundo! Pero ¿está aprendiendo algo?

En Seattle se realizó un estudio en 2004, fue dirigido por la revista *Journal of Paediatrics* y examinó a más de 2500 niños menores de 36 meses. Encontraron que por cada hora de televisión diaria aumentaba en un 10 % el riesgo de presentar dificultades de atención a la edad de siete años. Estos niños tenían mayor propensión a la confusión, a ser impulsivos, inquietos o bien obsesivos con las cosas; es decir, síntomas similares a los del TDAH.

¿Puede ser realmente perjudicial la televisión?

Un estudio realizado en 1000 familias, dirigido por la Universidad de Washington, reveló que por cada hora que veían la televisión, niños entre los 8 y los 16 meses, entendían entre seis y ocho palabras menos que los que no habían estado expuestos a programas de televisión.

La Academia Americana de Pediatría recomienda evitar la televisión antes de los dos años, y para los niños de más de dos años, limitar a una o dos horas diarias de programas educativos, preferiblemente un DVD, que permite a los padres cierto control.

Los niños pequeños creen que lo que ocurre en la pantalla está realmente allí, en la caja. Puedes probar con tu niño de tres años grabando un anuncio de cereales. Páralo cuando el tazón está lleno y pregunta al niño qué sucederá si damos la vuelta al televisor. En la inmensa mayoría de los casos los niños pequeños piensan que el tazón se derramará. Muchos de ellos piensan que podrían coger lo que ven en la televisión si pudiesen romper el cristal.

Ver la televisión durante horas sin fin puede recablear literalmente el cerebro del niño pequeño. Cuando mira la televisión, su cerebro elude las áreas del lenguaje y del pensamiento, tendiendo a reaccionar a la información sin entenderla. Inevitablemente esta se convierte en la forma habitual de procesar la información por parte de ese niño, también en la vida real. Cuando estos niños van a la escuela, escuchan sin oír realmente y miran sin comprender; lo que lleva a tener dificultades de procesamiento auditivo y visual.

A partir de hoy, sé más inteligente con tus niños respecto a la televisión y haz de cada momento una experiencia de aprendizaje.

Toma el control

Sin embargo, no todo son malas noticias. La televisión está aquí para quedarse. Está en todos los hogares, por lo tanto, úsala en tu beneficio. Esta es la manera…

- **Limita el tiempo de televisión.** La tele no es una niñera ni enseña a tu pequeño destrezas del lenguaje. Es importante interactuar y comunicarte con el niño, y una buena forma de hacerlo es leerle libros y hablar de las cosas cotidianas. Y acuérdate de apagar el televisor; tenerlo siempre encendido solamente sirve para invitar al niño a mirarlo.

- **Los DVD son una opción mejor** que mirar la tele durante horas (aunque sean programas infantiles). Aún mejor es grabar algunos programas que te parezcan beneficiosos y utilizarlos como un libro: páralos y habla al niño de lo que está pasando. Si Barney está saltando, pausa y salta tú con tu nene. Si Barney está hablando de un cuadrado rojo, pausa y vete a buscar unos cuadrados para hablar de formas y colores.

- **Haz que mirar la tele sea una actividad dinámica** en vez de pasiva. Habla del programa antes y después de verlo. En lugar de permitir que los niños estén sentados o tirados en el sofá, haz que se sienten en un balón de gimnasio (30 cm para niños menores de 4 años y 40 cm cuando son mayores de 4 años). Sus piernas deben estar dobladas en un ángulo de 90 grados cuando están sentados en el balón. Esto hace que los músculos troncales y de la espalda se impliquen, ya que tienen que mantener el equilibrio sobre el balón, y es muy bueno para la postura.

- **Infórmate acerca de los programas** que tu niño encuentra interesantes. Si muestra interés en los grandes felinos, por ejemplo, busca la forma de traerlos a su vida real. Busca imágenes y que el niño las recorte y que las pegue en un cuaderno. También podéis moveros y rugir como un león, por ejemplo.

- **La tele puede ser mala para tu pequeño,** pero será lo que tú hagas con ella lo que determinará que tenga o no un impacto en su aprendizaje cuando vaya a la escuela.

Capítulo 3

Desarrollo emocional

Un niño físicamente bien desarrollado se siente automáticamente confiado y dispuesto a conquistar el mundo. El niño bien desarrollado físicamente puede caminar y correr y alcanzar y agarrar y soltar y saltar y trepar. Ya no necesita a mamá o a papá para que le hagan las cosas. Ahora ya puede hacer mucho por sí mismo. Puede buscar y llevarse al gato cuando quiere. Puede ir a donde está papá si lo necesita. Puede cerrar las puertas si le apetece. Puede comer solo (tal vez se ensucie, pero puede hacerlo). Ya no hará solo lo que otros quieren que haga, ahora empieza a tener su propia voluntad y una necesidad creciente de dar a conocer lo que quiere y lo que necesita.

PAREDES:

reconoce a mamá por el olor, se calma solo, llora cuando tiene hambre, reconoce a mamá por la vista y por la voz, reconoce a papá, sonríe, mueve la boca, reconoce a mamá, juega con su propio cuerpo, muestra interés por los juguetes, empieza a entender el NO, alimentos sólidos, desarrolla un fuerte apego, empieza a comer solo, el interés por los juguetes dura más tiempo, le gusta que le alaben, se desviste, se expresa con una sola frase, se baña y se viste solo, ayuda en tareas sencillas de la casa, es posesivo con los juguetes y demanda atención, le cuesta compartir, la mayoría de las veces lleva bien separarse de mamá, no distingue entre realidad y fantasía, puede tener amigos imaginarios, puede esperar su turno y compartir, se vuelve mandón, muestra empatía hacia los demás, puede hablar de sentimientos, se gana amigos, puede controlar y cambiar su conducta, desarrolla el sentido de género, domina las destrezas para ser independiente y autosuficiente, se compara con otros, el grupo de iguales tiene gran importancia.

Cuando vendes un libro a un hombre no le vendes solamente unos gramos de papel, tinta y pegamento. Le vendes toda una nueva vida.

CHRISTOPHER MORLEY

Di «sí» siempre que te sea posible, y cuando digas «no», dilo en serio.

ROSEMARY ROBBERTS

Todo gira en torno al viaje

El desarrollo emocional es un viaje que implica:

• separarse de mamá
• darse cuenta de que soy único
• descubrir la independencia (que es por lo que constantemente oímos «yo» y «no» unido al tono y al dedo apuntador)
• desarrollar la autoestima
• toparse con los límites
• experimentar emoción
• aprender vías saludables de expresar las emociones
• ejercitar el control de los impulsos
• desarrollar concentración.

Manejando las emociones

El problema con la incipiente autoestima de tu pequeño es que aún no es capaz de hacerlo todo por sí mismo. Se frustra cuando no puede apilar los bloques tan altos como quisiera, se angustia cuando no haces lo que él quiere de inmediato, se enfada cuando la pieza del puzle no encaja, se inquieta cuando su mantita ha sido lavada y huele distinto, se decepciona porque papá no ha llegado a casa cuando determinado programa ya comenzó, se pone celoso cuando mamá está al teléfono o cuando se acurruca junto a papá. Todos estos son sentimientos intensos, pero el niño no tiene forma de ponerles nombre o de expresarlos.

Un cuerpo en desarrollo con grandes cantidades de emociones, con una limitación en el lenguaje y en las destrezas de motricidad fina, es la combinación perfecta para una bomba de relojería humana (y la explosión de la bomba del niño de dos años de edad, es lo que llamamos «los terribles dos años»). Es cuando «más necesita un niño amor y menos lo merece».Es el tiempo en el que el precioso angelito dormido en su cama es todo lo opuesto al pequeño horror que patalea, muerde, pega y chilla cuando no consigue lo que quiere; todo lo cual ocurre más a menudo cuando tiene una audiencia a su alrededor.

Entendiendo las fases del desarrollo

El desarrollo emocional (y social) suele ser la fase del desarrollo menos valorada porque es más difícil de determinar que las fases del desarrollo físico y cognitivo. No obstante, es una fase vital porque actúa como el pegamento que mantiene unidos el cuerpo físico y la mente en desarrollo; es el pegamento que retiene las experiencias en la memoria; es el pegamento que mantiene intactas las relaciones; y es el combustible que impulsa al niño a crecer y a brillar como persona.

Pero relájate, no te asustes. No vas a dejar marcada la personalidad del niño porque le digas «¡No!» o «¡Párate!» (si lo dices en serio) cuando es necesario. Según Erik Erickson, la personalidad sigue un proceso de desarrollo en seis fases a lo largo de la vida, y el éxito en cada fase depende de las elecciones hechas en las fases precedentes. En todas las fases hay dos opciones, una más constructiva que la otra.

COMPRENDIENDO LAS EMOCIONES

CONFIANZA VERSUS DESCONFIANZA

El niño necesita una «seguridad interna» de que su mamá va a cuidar de él, que le quiere. A medida que crece debe aprender también que puede confiar en sí mismo.

AUTONOMÍA VERSUS VERGÜENZA Y DUDA

En la fase siguiente el niño aprende a caminar y comienza a hablar, con lo que descubre su propio poder. Si sus padres le ridiculizan (si se ríen cuando se cae, se burlan de él o le toman el pelo por mojar la cama o por tener miedo de la oscuridad), puede perder la sensación de ser competente e independiente, volviéndose dubitativo, temeroso y tímido.

INICIATIVA VERSUS CULPA

A continuación el niño adquiere destrezas motrices, en sus juegos y fantasías practica ser un adulto y desarrolla la conciencia. Durante este período es cuando aprende el autocontrol. Si los padres son excesivamente estrictos, si le desaniman en sus aventuras, puede perder sus ganas de intentar hacer cosas. En la posible pérdida de autoestima del niño no influye tanto si fracasa al desarrollar una iniciativa, como la posibilidad de verse privado del amor paternal.

LABORIOSIDAD VERSUS INFERIORIDAD

Estamos en el momento en que el niño aprende las destrezas y los valores de su cultura (en casa, en la escuela o en un bote de pesca). Todos los niños reciben una educación formal en esta etapa y esta es la razón por la que necesitan incrementar la autodisciplina. Si el niño ha aprendido a confiar en sí mismo y en su mundo durante las primeras etapas, se sentirá identificado con los objetivos de su sociedad y encontrará gran satisfacción en lo que va logrando. De lo contrario, sus sentimientos de incompetencia y mediocridad podrían agravarse.

IDENTIDAD VERSUS ROL CONFUSO

Al llegar la pubertad, la niñez se termina y la responsabilidad de ser un adulto se hace realidad. El adolescente empieza a cuestionarse los sentimientos y creencias de los que ha dependido hasta ahora; compara la imagen que tiene de sí mismo con la que otros tienen de él, su papel en casa con el que juega cuando está con sus amigos. Está elaborando un sentimiento de identidad o bien, ante la incapacidad de lograrlo, se somete a la presión del grupo.

INTIMIDAD VERSUS AISLAMIENTO

El joven adulto confiado, que tiene un firme sentimiento de identidad, es capaz de arriesgar y comprometerse en las relaciones, así como mantener esos compromisos. Si no es capaz de hacerlo, experimentará la soledad.

Comprendiendo lo fundamental

Las destrezas emocionales (y sociales) no solo configuran la personalidad y la confianza del niño, son factores básicos en la buena disposición para la escuela, ya que fundamentan la capacidad del niño para sentarse quieto, prestar atención, adaptarse, cambiar fácilmente de una actividad a otra, y cooperar con los demás. Pero, para facilitar el desarrollo de estas destrezas, como padre o como cuidador, necesitas aceptar los fundamentos del desarrollo personal del niño y el hecho de que aspectos tales como la independencia, el control de impulsos, la autodisciplina y la concentración afectan su manera de ver y de reaccionar ante el mundo.

Cuando nuestros «botones» emocionales son presionados, todos reaccionamos como si tuviésemos dos años.

JILL BOLTON TAYLOR

INDEPENDENCIA

¿Puede el niño cuidar de sí mismo, su ropa y sus juguetes, o tiene que ser mamá, la abuelita o la niñera quienes siempre recojan las cosas, recordándole que coja sus zapatos de debajo del columpio y que no corra por la casa? ¿Hace algo él por sí mismo o tiene siempre un equipo a su entera disposición? Si tiene un equipo siempre cerca, puede que se esté embarcando en un viaje de incapacidad aprendida. ¡Páralo!

La independencia es precursora de la confianza. A medida que el niño descubre lo que puede y lo que no puede hacer, construye confianza y motivación para aprender.

CONDUCTA INDEPENDIENTE	CONDUCTA DEPENDIENTE
Independiente de los padres	Necesita la presencia y el aliento de los padres
Cuida de sus pertenencias	Pierde sus pertenencias o no las coloca en su sitio
Impaciente por explorar y aprender	Vacilante al explorar y aprender
Termina las tareas por sí mismo	Necesita ayuda y confirmación reiteradas para terminar sus tareas
A gusto al encontrarse con gente	Inseguro cuando se encuentra con gente nueva
Confiado cuando pide lo que desea	Tímido, o pide a alguien que actúe por él

CONTROL DE IMPULSOS Y AUTODISCIPLINA

Ten cuidado de no deslizarte dentro de la conducta de gritos y golpes, propios de tus «dos-años-de-edad». Mantente tranquila, controlando y firme. Di «¡No!» con convicción.

Saca al niño de la escena y déjale que se calme (tú también). El momento de hablar vendrá más tarde. Ese momento llega cuando la tormenta ha pasado y tras los achuchones y los besos. Es la conducta, no el niño, la que es mala, equivocada y no deseable. Acepta al niño, pero que le quede muy claro que no aceptas su conducta.

Puede ser que yo no sea poco competente, sino que tú esperas demasiado.

Los impulsos son pensamientos que inspiran la conducta. Que el niño, en un momento dado, actúe bajo ese pensamiento depende de cuánto control posee. Por alguna extraña razón, los impulsos tienden a inspirar la mala conducta, que no tiene por qué ser un problema, siempre y cuando el niño tenga suficiente control como para no engancharse a esas conductas.

GRIETAS EN EL DESARROLLO DEL CONTROL DE IMPULSOS

Observa estas grietas en el desarrollo del control de impulsos:

• conducta agresiva • hace daño a otros • se hace daño a sí mismo
• rompe cosas • roba compulsivamente • provoca incendios.

Excepto lo de provocar incendios, las otras conductas son bastante normales en niños menores de tres años. Podríamos añadir pegar y chillar cuando no consigue un dulce o un juguete inútil en el supermercado o cuando no quiere «esa estúpida camiseta»… Todo esto es típico, pero no es agradable ni saludable. Sin embargo, no está gritando: «¡aquí hay un problema!». Lo que está clamando es: «yo soy perfectamente normal pero, por favor, ¡ayúdame a cambiar! No quiero ser así, no me gusto a mí mismo. Me asusta que me puedas apartar de ti, dejarme fuera con los perros, o enviarme a una residencia para niños, o que le pidas al policía que me lleve porque soy un niño-de-dos años terrible».

ENSEÑANDO CONTROL DE IMPULSOS

Con paciencia y en forma de juego, enseña a los niños a controlar sus impulsos: la habilidad de parar y de esperar.

• No intentes parar la rabieta, es imparable, deja que el niño se vaya calmando.

• Un «tiempo-fuera» es importante.

• Actúa firmemente pero mantén el control (tuyo y de la situación).

• Es importante que haya un lugar seguro para vociferar y desfogarse. Puede ser el baño o la habitación del niño. O el pasillo con todas las puertas cerradas (pero no con llave), ya que allí el niño puede hacerse menos daño a sí mismo sin dañar las cosas de la casa.

ACTIVIDADES

MECE-MECE Y PARA

Sienta al niño en un balón de gimnasio de un tamaño apropiado a su edad y dile: «Vamos a mecer, mecer (repite varias veces) y parar». Mantenle derecho encima del balón durante cinco segundos. Repite la acción. También puedes hacer «delante, atrás» (varias veces) y parar cinco segundos, «girando, girando» (repetir) y parar, y la última «botar y botar» (repite) y parar. Verás que él anticipa el principio de la siguiente acción y te apremia para que le muevas.

PARADAS MUSICALES

Utiliza un palito o bien otro instrumento para introducir «rápido» y «lento». Marca un ritmo repitiendo la palabra «rápido» o dando palmas deprisa. Y después para, diciendo «Stop». Seguidamente marca un ritmo lento y di «Stop». Mezcla rápido y lento. Haz dos rápidos y uno lento y rápido de nuevo. No olvides decir «Stop».

ROBOT

Aprovecha los ratos en el coche para hablar de los semáforos y cómo cada color tiene un significado distinto. Cuando el niño haya entendido que el rojo significa «parar», el verde significa «seguir» y el naranja «bajar velocidad», puedes aplicar esto en casa. Recorta círculos en cartulinas de color. En casa o en el exterior podéis jugar a los robots. El niño puede estar corriendo o conduciendo su triciclo; le muestras el redondel verde y dices «seguir». Cuando le muestras el naranja dices «bajar velocidad». El rojo significa «¡parar!».

LA PEQUEÑA ZANI

Zani era una preciosidad, una pequeña de rizos rubios con los más encantadores ojos azules y una boca como un capullito de rosa… hasta que no conseguía lo que quería o cuando tenía una audiencia. Entonces se convertía en una niña chillona y furiosa, con una resistencia tal que pondría en evidencia a los mejores deportistas.

Las reglas estaban claras: «Te queremos, pero no cómo te portas. Vale que grites furiosa, porque los libros dicen que es el modo como desarrollas tu asertividad, pero no en nuestro espacio. El ruido hiere nuestros oídos. Te llevamos a un lugar donde puedas estar segura y puedas continuar desfogándote». Naturalmente esto era un galimatías para una niña de dos años, pero así se hacían las cosas cuando las aguas estaban calmadas, aunque no durante el griterío furioso.

En algún momento alguien debió decirle: «¿Sabes qué pareces cuando gritas furiosa?»… Porque la siguiente vez se calmó, se tranquilizó, y cambió de pauta. En vez de los habituales 20 minutos de alaridos, era un alarido intermitente. Los papás de Zani miraron por la ventana de la habitación que utilizaban para que se calmara, y allí estaba, de pie frente al espejo, aullando y seguidamente mirándose en el espejo. El aullido era intermitente porque cada vez que aullaba, cerraba los ojos y no podía ver lo que parecía.

Este pequeño incidente les mostró a sus padres que la pequeña de rizos rubios, ojos azules y boca de capullito de rosa, podía parar su rabieta a voluntad, solamente que ella aún no estaba dispuesta a hacerlo. Y aquí es donde entra «con paciencia y en forma de juego enseñarles a controlar sus impulsos». Dura meses, pero puedes hacerlo.

CONCENTRACIÓN

La capacidad de prestar atención es a menudo la principal preocupación de los padres. ¿Necesitará mi hijo medicación para concentrarse? ¿Es capaz mi pequeño de prestar atención durante un período de tiempo razonable?

UN TIEMPO RAZONABLE ES IGUAL A LA EDAD DEL NIÑO

1 año de edad	un minuto
2 años de edad	dos minutos
3 años de edad	tres minutos
4 años de edad	cuatro minutos
5+ años de edad	se añaden cinco minutos a la edad del niño, así pues, 10 minutos para el niño de 5 años y 11 minutos para el de seis, por ejemplo.

Puedes pensar que esto es ridículo: ¡Pero si mi niño puede mirar la televisión durante horas! Tiempo de concentración no es lo mismo que ratos de vegetar pasivamente; sino que es tiempo de aprendizaje activo haciendo algo que requiere destreza y control para dominar la urgencia de parar, de dejarlo todo como esté y abandonar con lágrimas (o sin ellas).

Es importante que el niño domine la autodisciplina y el control de impulsos antes de que pueda desarrollar destrezas de concentración. La concentración supone ser capaz de afrontar una tarea requerida hasta que se complete según las especificaciones recibidas. No se trata de otra lista de actividades que debes añadir a la lista de destrezas a desarrollar. Enseñar a controlar los impulsos, autodisciplina y concentración tiene oportunidades diarias: «recoge tu ropa antes de ponerte a ver la tele; si coges un puzle es para que lo hagas; los dulces son para el postre; lávate los dientes antes de irte a la cama; cuando vacíes los juguetes de la caja, ponlos en orden».

El niño pequeño tiene una capacidad limitada de atención y para ayudarle a irla incrementando, las actividades deben ser cortas. Pídele que haga una sola cosa a la vez y gradualmente ve aumentando a dos y a tres pequeñas tareas. Pide al niño que repita la orden para que sepa exactamente lo que se requiere de él.

Los juegos de grupo, juguetes educativos y actividades estructuradas pueden ayudar a desarrollar destrezas de concentración. Si tu niño aún tiene dificultades para prestar atención, primero plantéate si le estás pidiendo algo que está más allá de sus capacidades o si tus expectativas son demasiado elevadas.

Factores que dificultan la concentración

- **Problemas emocionales.** Pueden ser esporádicos o continuos. En su forma más liviana, la situación se puede aliviar si el padre o la madre habla con el niño. Busca tiempo para hablar con él de tú a tú. Si el problema continúa, puede ser necesario buscar ayuda profesional.

- **Sueño insuficiente y/o fatiga.** El niño necesita al menos ocho horas de sueño cada noche. Una rutina regular en casa es vital si quieres evitar conflictos y fatiga al día siguiente. Si el cansancio persiste a pesar de dormir lo suficiente y seguir una rutina, debe buscarse ayuda médica.

- **Dieta.** Un niño que tiene hambre no puede aprender. La hiperactividad aumenta cuando un niño toma demasiados colorantes (en especial rojos y anaranjados) y conservantes (tales como tartracina y el glutamato monosódico). Alergias e intolerancias al gluten (pan, empanadas, galletas, pasta, etc.) y a los lácteos (leche, yogur, queso, etc.) pueden resultar en que el niño se muestre como «ido», algo así como si estuviera embriagado.

- **Grietas en el desarrollo o hiperactividad.** Un niño menor de siete años que raramente se sienta quieto y que se mueve sin parar, toca, explora y pregunta, no es hiperactivo. Un niño de preescolar movido, es un niño que está trabajando duro construyendo vías cerebrales.

- **Carencia de límites.** Los padres, cuidadores y maestros de un niño con pobre concentración, son a menudo incapaces de disciplinarle. Disciplina no es lo mismo que castigo, es una forma de enseñar qué conductas son aceptables y cuáles no lo son. El niño necesita unas pocas reglas firmes y coherentes. El problema es que los padres trabajan a menudo muchas horas y, cuando llegan a casa, no están en condiciones de pelear, por lo que no enseñan al niño a respetar reglas ni límites, es decir, cómo comportarse. Un niño sin respeto por los límites y por las personas es como una comunidad que no respeta las normas de circulación: es caótica. Los límites proporcionan orden y mantienen la seguridad para el niño y para los demás.

ACTIVIDADES

Las actividades siguientes ayudan a desarrollar la concentración en los niños pequeños.

DIBUJAR

Deja a tu niño que dibuje todo el tiempo que sea capaz, usando solamente una hoja de papel.

COLOREAR

Para colorear comienza con un dibujo grande pero sencillo, para ir luego progresando a dibujos más pequeños. Nota: Muchos de los cuadernos para colorear que se encuentran en el mercado actualmente no son apropiados para los niños de Educación Infantil. Las imágenes tienen muchos detalles y, a menudo, fuera de las referencias que tiene el niño. Dibujar es, con diferencia, mucho más educativo que colorear en cuadernos preparados para ello.

RECORTAR

Proporciona al niño un cuaderno para recortes que puede hacer de revistas viejas, papel de envolver y tarjetas de felicitación antiguas, por ejemplo. Para recortar de revistas, primero arranca la hoja y traza una línea alrededor de la parte a recortar. Indica al niño que corte por la línea que has trazado. Cuando el niño tenga mayor destreza, podrá recortar figuras más detalladas.

CLASIFICAR

Cualquier objeto puede utilizarse para ejercicios de clasificar; zapatos, formas, colores, animales o coches que habrá de separar en montones diferenciados.

LIBROS

Lee un cuento y comenta las ilustraciones del libro a medida que vas leyendo. Después pregúntale al niño acerca de la historia.

SECUENCIAR

Haz una fila de objetos con una secuencia de dos para empezar. Por ejemplo: mi zapato, zapato de mamá, mi zapato, zapato de mamá. Aumenta a secuencias de 3 o 4 objetos. El tablero de pinchar y enhebrar abalorios son actividades muy buenas para la concentración. Repetir un patrón por el borde de un papel A4 es una actividad muy apropiada para un niño de Educación Infantil.

PUZLES

El tipo de puzle debe estar siempre
dentro del rango de edad del niño,
que le ofrezca cierto reto, pero no
frustración…

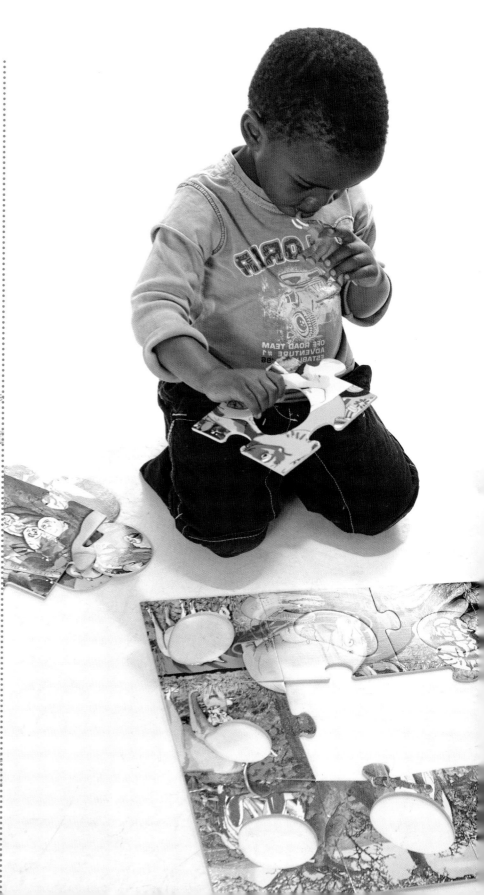

Juega tu parte

Como ya hemos dicho antes, el niño no desarrolla independencia, control de impulsos, autodisciplina y concentración (o ciertamente no en la medida que le beneficiará en sociedad), sin la aportación directa y constante de los padres o los cuidadores. Aquí es donde te toca. Tienes un papel que jugar para establecer ciertos códigos y prácticas que faciliten el proceso: inculcando disciplina, estableciendo rutinas y fomentando la responsabilidad.

DISCIPLINA

Disciplina no es castigo; el término procede del latín y significa «enseñar».
- El niño necesita amor y límites.
- Hacer que el niño se sienta querido es lo primero y lo más importante para una buena disciplina.
- La disciplina le proporciona los límites que necesita para sentirse seguro y para mantenerle protegido.
- Di solo lo que vayas a cumplir… Si amenazas pero no actúas, estás desprestigiando tu autoridad, por ejemplo: «Te voy a dejar en el coche», «Te voy a encerrar en tu habitación», y esto repetido cada poco, no tendrá ningún efecto en absoluto.
- Toma el control de ti mismo y de la situación.
- Nunca castigues cuando estás enfadado.

¿REALMENTE QUIERES QUE TU HIJO SEA UN CONSENTIDO?

Todos queremos lo mejor para nuestros niños. A veces esto puede ser demasiado y el niño adorable se vuelve un consentido a quien nadie quiere tener de invitado y a quien los demás niños rehúyen. Sucede con demasiada frecuencia. Comenzamos por permitir a los niños demasiadas libertades y cuando nos damos cuenta de que nuestro angelito se está volviendo un pequeño monstruo, puede ser demasiado tarde.

¿Cuál es la solución? Los límites están ahí para hacer que se sientan seguros. Si les das demasiada libertad de acción se sentirán inseguros.

Así pues, ¿por dónde debo empezar? En casa. Comienza con cosas pequeñas como no permitirle que muerda, pegue o pellizque a nadie de la familia. Recuerda que si esto se permite en casa, se trasladará también a los niños en el parque o en la escuela.

¿Qué debes hacer cuando esto sucede? Montar una escena no va a resolver el problema; de hecho, cuanto más teatro hagas, más probabilidades hay de que siga con ello. Dile con voz firme: «No, eso hace daño a mamá», y aléjate si te es posible. Un poco después, busca la forma de encontrarle haciendo algo bueno. Si se sienta a jugar contigo, sin pegar o molestar, dile lo bien que está jugando.

Es muy fácil para nosotros, como padres, perdonar a nuestros pequeños por habernos lastimado o gritado. Otros no son tan generosos y muy pronto tu niño podría ser el centro de las conversaciones en cualquier reunión.
Si has empezado el camino de no permitir malas conductas en casa, tienes que seguir la línea también fuera de casa. Recuerda que a los niños les causa confusión el que se apliquen unas reglas en casa y otras en casa de la abuelita o en el restaurante y en las tiendas.

Peor todavía es que unas reglas sean aplicadas por mamá y otras distintas por papá. Poneos de acuerdo para recorrer el mismo camino. Si no te parece bien cómo maneja tu pareja una situación, no digas nada delante del niño; esto solo le daría vía libre para jugar con vosotros enfrentándonos el uno contra el otro. Sé que muchos de vosotros estaréis pensando: «¿Pueden ser tan manipuladores los niños?». La respuesta es: «Me temo que sí». Si encuentran un punto flaco, harán uso de él. Tenéis que ser firmes (y esto incluye tanto a los padres como a los abuelos). Si se da alguna resistencia a cambiar por parte de algún familiar, explícale de forma amable que solo quieres lo mejor para tu niño. Estar en un ambiente seguro, donde la disciplina se aplica con amor y con lógica, hace que el niño se sienta confiado y, a la vez, le permite explorar dentro de esos límites.

Habla cuando estás furiosa y darás el discurso que siempre lamentarás.

RUTINAS

¿Por qué son tan importantes las rutinas para el niño? Para que mamá se mantenga cuerda. ¡Esa es la razón! Hablando en serio, la rutina es la materia diaria, aburrida, repetitiva que constituye la columna vertebral de la estabilidad, el orden y la cordura para ambos padres y para el niño. Se aplica a las cosas que tienen lugar todos los días de forma ineludible como: dormir, comer, lavarse, visitas al baño, tiempos de juego y, ¡la más importante: recoger!

Tan pronto como mis hijos pudieron caminar, establecimos una sencilla rutina: si hace sol estaréis fuera; explorando, construyendo, destruyendo, peleando, revolviendo, jugando con el barro, montando tiendas, trepando y, con suerte, disfrutando de cada momento. Si está oscuro, hace frío o llueve, estaréis dentro.

Desarrollando una rutina

¿Qué es una rutina? Es un plan para manejar lo que tiene lugar cada día. Un manual no escrito sobre «cómo hacemos las cosas». Al cerebro, le gusta la novedad, el cambio y la emoción porque lo estimulan y construyen más y más vías entre el cerebro y el cuerpo que unen los sentidos, el cerebro y los músculos. El cerebro recibe un impulso al oír la sirena de los bomberos, también al correr para echar un vistazo, o al despertarse con el olor de galletas recién horneadas y listas para ser espolvoreadas con azúcar, o al ver una camada de cachorrillos (¡para horror de mamá a la que le cae otra responsabilidad!), ¡o con el hallazgo del frasco de la crema milagrosa y carísima de mamá abierto y pidiendo unas pequeñas manos que embadurnen con ella cualquier superficie al alcance!

Todas estas inesperadas y nuevas experiencias disparan el crecimiento del cerebro y, ¡aprietan los botones de la excitación para alcanzar la siempre elevada cima de la superdiversión! Pero estos no son los componentes de la rutina. Rutina es lo que viene después de la excitación para ayudar a todos a calmarse. Lo mismo que el cerebro, el niño necesita excitación para crecer y desarrollarse, pero también necesita rutinas para asentarse y relajarse. Necesita rituales que le conduzcan a una sensación de calma y de estar seguro de nuevo.

Rutina significa rituales simples que aportan descanso y reprimen drásticamente la hiperactividad. Tomemos el ejemplo de una fiesta de cumpleaños... Solamente el hecho de empaquetar un regalo y mencionar la palabra «fiesta» dispara la excitación, y arreglarse y acicalarse encienden la llama, especialmente si tu pequeño tiene la elección de qué ponerse. La combinación de colores, globos que explotan, niños gritando y corriendo, azúcar y castillos hinchables, con un divertido payaso para que no falte de nada, lleva la diversión al nivel de superdiversión (incontrolable, salvaje y activa...). ¡Afortunadamente, Newton nos dejó bien claro que «todo lo que sube, baja»!

El siguiente paso es tu plan para conseguir que tu pequeño manojo de excitación se calme, e incluso caiga rendido, hasta el siguiente arrebato de excitación.

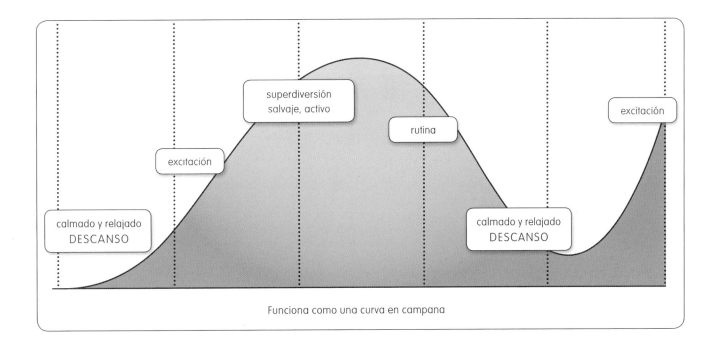

Funciona como una curva en campana

¿Son buenas las rutinas?

Sí,¡por supuesto! Las rutinas son algo bueno porque establecen un ritmo, ¡una clave no verbal de que mamá está de nuevo al cargo! Cuando está en modo superdiversión, es el niño el que está al cargo; así que, cuando mamá quiere que su pequeño baje del pico de excitación, necesita una rutina que constituya una forma no negociable de continuar.

El tiempo lo es todo

Rutina significa conocer a tu hijo y saber leer las señales que indican que ya es suficiente. ¿Cuándo es el momento de limpiar, de lavarse las manos, de recoger y marchar?

La rutina es un ritmo. Es lo que hacéis juntos sin pensar y, especialmente sin discutir. El mejor momento para iniciar una rutina es cuando estás embarazada, porque el bebé experimenta tu ritmo cuando está en el útero y si tú estás agitada, el bebé nace agitado. Si adquieres una rutina durante el último trimestre, el bebé se adapta en el útero porque ¡la compenetración significa moverse al unísono!

Los bebés y los niños pequeños tienen su propio ritmo interno, pero tú estabas ahí primero y tu niño debe adaptarse a tu ritmo. Tú eres el adulto aquí, quien tiene un cerebro que, relativamente, funciona con eficacia. Ahora bien, solamente podrás responder adecuadamente si llegas a conocer los ritmos de tu hijo, y así poder cambiarlos. Para ello necesitas contacto con tu pequeño para llegar a conocerle bien (contacto piel con piel, contacto ocular, contacto por el olor, contacto con la voz) porque solamente cuando hayáis conectado, podrás liderar.

Recuerda que ni el bebé ni el niño han leído el último libro sobre cómo establecer una rutina.

¿Qué tipo de rutinas debo establecer?

Tu personalidad, tu vida y tu cultura van a influir en tus rutinas, pero traza un plan bien definido sobre cómo vas a manejar esas habituales actividades cotidianas, de forma aburrida y diaria (lo aburrido es bueno porque es tranquilizante).

CUESTIÓN DE RUTINA…

Comidas. La comida es una parte del desarrollo social, incluyendo cómo nos relacionamos como familia. Nos da un sentimiento de pertenencia. Lavarse las manos y la cara, sentarse en un lugar concreto o en una silla concreta, jugar al mismo juego para comer y terminar cuando el niño está satisfecho. Después, lavarse y disponerse para la siguiente actividad.

Cambiar pañales y las visitas al servicio. Al cambiar los pañales, coloca las toallitas, cremas y pañales en el mismo lugar alrededor del bebé, utiliza los mismos productos (los olores son muy calmantes; ¡el centro emocional del cerebro se conoció antiguamente como el cerebro olfativo!), establece contacto visual y canta una canción o recita una sencilla rima. Cuando termines, coge a tu bebé y dile algo así como «¡Oh, qué limpito está mi precioso tesoro!».

Tiempo de juego. Ofrécele solo unos pocos juguetes a la vez, ¡no vuelques toda la caja porque perderá interés! ¿Dónde puede jugar? ¿Puede golpear los juguetes contra los muebles? ¿Puede saltar encima del sofá? Juega con él y procura que tenga ratos para jugar solo. Cuando le compres un juguete nuevo, enséñale cómo utilizarlo y déjale que después lo explore él libremente.

Tiempo de recoger. Recoger los juguetes es parte del juego. ¡Y no debe ser tu responsabilidad! La regla es: si tú lo sacas o tú juegas con ello, tú lo recoges (esto está en la raíz misma de la adquisición de una responsabilidad). Recoger no es tirar los juguetes en una caja, es separar bloques de coches o de muñecas, y poner cada uno en su propio lugar.

Lavarse. El agua es la sempiterna forma de tranquilizar al niño sobreexcitado o hiperactivo. Cuando estéis en el baño utiliza una esponja o fibra natural para frotar el cuerpo de arriba abajo. Envuelve al niño en una toalla bien apretada; esto le ayuda a apretarse contra sí mismo proporcionándole una sensación de contención. Suaviza tus movimientos porque eso hará disminuir los latidos del corazón.

Dormir. ¡Tanto el niño como los padres necesitan dormir lo suficiente! Dormir es un regalo salvavidas para todos. Un padre o madre cansados no son siempre razonables; estando cansados pueden hacer cualquier cosa para parar el ruido, el movimiento, las exigencias. La rutina del sueño probablemente sea la más importante de todas las rutinas. Sé realista sobre las expectativas de que el niño se vaya a dormir a una hora concreta. Haz las mismas cosas siempre (sí, la rutina es aburrida y lo aburrido es bueno porque induce al sueño). Elimina toda estimulación, disminuye las luces, apaga la televisión; arrullar ayuda mucho, lo mismo que el confort de una «mantita», sonidos suaves, lavanda, algo que chupar…

Visitas familiares. Cuando tengas invitados, estate preparada para la superdiversión que llevará al caos en algún momento. Permítelo hasta cierto punto, ya que es importante para el desarrollo social, pero seguidamente viene el tiempo de la rutina…

ACTIVIDADES

Las siguientes actividades ayudan a mejorar el desarrollo emocional.

UN LIBRO SOBRE «MÍ»

Los niños son totalmente egocéntricos. El mundo gira en torno a ellos. Así, pues, utilízalo en beneficio propio y haz un libro sobre ellos.

Compra un álbum de fotos de tamaño A6 en plástico (se encuentran en tiendas de fotografía). Recorta fotos de revistas o haz fotos de las cosas que más le gustan a tu pequeño, basadas en temas como «juguetes», «alimentos», «gente» o «animales». Céntrate en temas que toquen su ego:
• Mi juguete favorito
• Mi comida favorita
• Mi canción favorita
• Mi cuento favorito
• Mi… favorito/a
Después «leed» juntos vuestro libro casero. Continúa dejando que el niño escoja cosas favoritas en su vida porque se trata de que todo sea sobre él mismo; llegará a ser uno de sus libros favoritos.

EL BINGO DE MI FAMILIA

Recoge fotos de los miembros de la familia y haz tres copias de cada una; cada foto debe ser cuadrada y de 4 cm de lado. Sobre una cartulina traza una parrilla de cuadrados de 4 cm, de forma que tengas tres filas por tres columnas. Este será vuestro tablero. Ahora pega en cada cuadrado una foto distinta y plastifica el tablero. Corta cada una de las otras fotos, todas cuadradas y de 4 cm de lado, y plastifícalas como tarjetas. Ponlas en montones con el reverso hacia arriba, para coger por turno una tarjeta y colocarla sobre la correspondiente de la parrilla. El primero que complete una línea, gana. Utiliza también las tarjetas para hablar de cada miembro de la familia, es una estupenda forma de que mantenga fresca la memoria de los miembros de su familia.

¿CÓMO ME SIENTO HOY?

Copia los dibujos de esta página y pégalos sobre platos de cartón. Habla de cada una de las figuras con tu niño y anímale para que te diga cómo le parece que se siente cada personaje y para que utilice gestos y expresiones faciales para hacerlo. Guarda los platos de cartón en su habitación y pídele que te diga cómo se siente. Cada día puede pegar un plato de cartón en la puerta de su habitación, con una cara que indique a la familia cómo se siente ese día. No le presiones mucho si muestra una cara triste, puedes decirle algo así como «veo que hoy estás algo triste, ¿quieres decirle a mamá por qué estás triste?». Si no quiere hacerlo, respétalo.

Recuerda que debes nombrar la emoción cada vez que escoge una figura.

Una vez un sabio dijo: la forma de criar a un niño es alimentarle, vestirle, disciplinarle, amarle y dejarle libre...

RESPONSABILIDAD

Enseñar responsabilidad no consiste en comprar un cachorro o un gatito. Los niños pequeños simplemente no entienden la responsabilidad de dar de comer regularmente a su mascota y asegurarse de que tenga agua. Empieza por algo pequeño que no tenga mucha importancia pero que sí tenga cierto impacto. Ve con el niño a un vivero local y compra una maceta y unas semillas de las que crecen rápido. Las caléndulas brotan entre los tres y cinco días. Los niños no tienen paciencia para esperar mucho tiempo para verlas crecer. Deja que el niño plante las semillas según las instrucciones, será su responsabilidad regarlas y mantener húmeda la tierra. Observa su fascinación cuando las semillas empiecen a brotar.

AYUDÁNDOLES EN EL CAMINO DE LA INDEPENDENCIA

Ser independiente no es algo con lo que te levantas un buen día por la mañana cuando ya estás dispuesto a dejar el hogar. Necesita su tiempo (y unos padres que te dejen cometer errores a lo largo del camino). Ser independiente significa que puedo cuidar de mí mismo, afrontar las consecuencias de mis decisiones y ser responsable de mis actos.

Desde muy pronto, haz que tu niño ayude algo en casa como parte de su vida. Incluso los niños pequeños pueden realizar tareas sencillas como retirar sus juguetes o llevar su taza a la cocina. Haz que recoger sea fácil teniendo un lugar concreto para todos los juguetes. Una caja de juguetes no es siempre la mejor idea, ya que los niños pueden sentirse desbordados con la visión de montones y montones de juguetes. Es preferible utilizar recipientes más pequeños y con un dibujo por fuera de lo que contienen: cochecitos, muñecas, peluches. Te darás cuenta de que este sistema les resulta más fácil para recoger los juguetes y para encontrar lo que quieren.

A medida que van creciendo, dales tareas más apropiadas para su edad. Ponerle la comida al perro es algo que pueden hacer desde los cinco años, pero ten en cuenta que probablemente tengas que recordárselo. Fija un momento para hacerlo, antes de cenar puede ser un buen momento. Debe haber consecuencias por no hacer las tareas que tienen encomendadas, como los juguetes no recogidos que mamá ha retirado durante unos días. Recuerda que nunca debes amenazar con lo que no vas a cumplir y que siempre debes llevar a cabo tus advertencias.

No olvides dar las gracias cuando haya recogido sus juguetes o llevado su taza a la cocina.

JUEGO DE CLASIFICAR
Dibuja caras sobre pelotas de ping-pong, una feliz, otra triste y otra de sorpresa. Después dibuja en papel las mismas caras y pégalas en los huecos de una caja de huevos. Pide al niño que coloque las pelotas de ping-pong en los huecos correspondientes. Recuerda que debes hablar de la emoción y que el niño ponga la cara que corresponde en cada caso.

TRATAR CON LA IRA Y LA FRUSTRACIÓN

Los niños tienen las mismas emociones que nosotros y sin embargo, esperamos que estén siempre contentos y felices. Cuando el niño esté frustrado o se sienta inseguro, sé comprensiva y no esperes que simplemente deje de darle importancia. Una buena forma de ayudarle a superarlo es proporcionándole un lugar seguro donde pueda sentirse enfadado y frustrado hasta que se le pase.

- Enséñale a gritar contra su almohada. Pon una almohada contra tu cara y lanza un buen grito, después déjale que él lo haga. Es sorprendente lo bien que te sientes después de hacer esto; puede que sean necesarios varios intentos para que el niño se acostumbre a hacerlo, pero puedes disponerle diciendo algo como, «ya veo que estás molesto porque no podemos ir a comprar un helado, ¿qué tal si vas y gritas dentro de tu almohada? Seguro que te sentirás mucho mejor».

- También puede (dentro de la seguridad y privacidad de su habitación), usar un tubo de cartón para golpear su almohada hasta que se sienta mejor. No obstante, explícale muy claramente que es bueno golpear la almohada, pero no a su hermana.

AGITAR LA CAJA

Antes de empezar esta actividad, habla con el niño sobre las emociones y cómo nos hacen sentir. Pega una hoja de papel blanco en el interior de la tapa de una caja de pizza grande, y otra hoja en el fondo de la caja. Coge una pelota de ping-pong y, una vez mojada en pintura roja, ponla dentro de la caja. Muestra al niño (pero sin la caja) cómo agitarías tú la caja si estuvieses furiosa. Ahora entrega al niño la caja para que la agite. Para y cambia la pelota de ping-pong por otra mojada en pintura de color naranja. Pídele que agite la caja de un lado a otro suavemente, mostrando que está contento. Retira los papeles y mira el dibujo realizado. El rojo será el color dominante con unas suaves rayas de color naranja cruzando por encima.

Un hombre no es más feliz de lo que él mismo se cree.

FRENCH SAYING

Herramientas para el desarrollo emocional

El desarrollo emocional supone interactuar con la gente de tu entorno así como con el entorno en sí mismo, y lo más frecuente es que el entorno del niño le ofrezca infinitas oportunidades para desarrollar destrezas que le llevan a la estabilidad y al crecimiento emocional. Pueden ser tan diversas como la música y jugar en la arena o jugar en el agua, por ejemplo.

MÚSICA

La música no es solamente para escucharla y para desarrollar los pequeños oídos. Es fundamental para el desarrollo tanto físico como emocional, social y cognitivo del niño. La gama de sonidos, pautas, ritmos y volumen en la música, tienen un efecto profundo sobre las múltiples formas de sentir del niño. La exposición tanto a sonidos incidentales como a sonidos estructurados, permite a los niños pequeños percibir, estructurar, dar sentido y finalmente, reproducir los sonidos de su entorno.

A medida que el niño crece, también lo hacen los sonidos de su vocabulario. Los niños expuestos a los sonidos musicales aprenden también a copiar esos sonidos del mismo modo que imitan los sonidos cuando desarrollan las destrezas del lenguaje. De hecho, los sonidos musicales estimulan y mejoran las destrezas del lenguaje, igual que cuando un niño pequeño intenta reproducir los sonidos que escucha con más frecuencia. Estos sonidos se combinan de diversas formas para producir las palabras, al principio sin sentido, pero a medida que entiende más sonidos, el niño empieza a construir por imitación palabras reales con significado.

Cuando a un niño pequeño se le da la oportunidad de tocar un instrumento musical, su primera respuesta al instrumento es la misma que con cualquier otro objeto de interés (especialmente los que emiten sonidos). De entrada el niño pequeño golpeará el instrumento sin norma alguna; pero esto es experimentación espontánea. Explorar sonidos de esta forma es un principio adecuado para la actividad musical. Lo que parece ser solamente «ruido» para el oído del adulto, es de hecho una forma de improvisación espontánea, que a medida que el niño explora el instrumento, comienza a estructurarse. Esta actividad de sonidos caóticos es semejante al entorno sonoro del niño (donde todos y cada uno de los matices son oídos y finalmente expresados).

¿Por qué es importante la música?

La música en su forma más básica (ritmo y tono) estimula la actividad en los dos hemisferios del cerebro del niño. Por ejemplo, cuando un niño piensa o habla sobre los sonidos que oye, utiliza sobre todo el hemisferio izquierdo de su cerebro; pero cuando se dedica a hacer música, no importa la habilidad musical que tenga, está utilizando el hemisferio derecho de su cerebro.

Según el psicólogo Frances Rauscher, las actividades musicales construyen razonamiento espacial nuevo a la vez que mejoran las destrezas perceptivas y cognitivas, así como la autodisciplina, destreza, coordinación, autoestima, destrezas de pensamiento, habilidad creativa y expresión personal.

La música es un medio maravilloso porque estimula mucho más que el conocimiento; para el niño es una forma agradable de expresarse. La música es básicamente energía creativa capturada en los sonidos y eso permite al niño sobrellevar mejor su entorno. Se producen tantos cambios físicos, emocionales y externos en la vida del niño, que la música le ayuda a entender ese entorno y a expresar sus sentimientos acerca del mismo, especialmente cuando las palabras aún no están a su disposición para hacerlo.

La música expresa aquello que no puede ser dicho y sobre lo que no es posible guardar silencio.

VICTOR HUGO

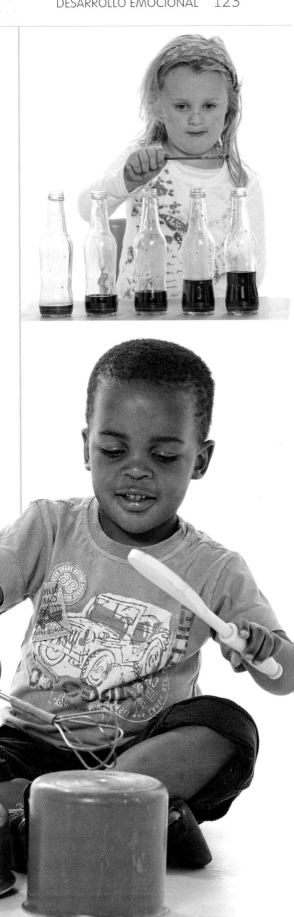

JUGAR CON ARENA

La tecnología ha hecho el mundo del niño cada vez más lejano y abstracto. Jugar con arena, por el contrario, es algo concreto, relajante y tranquilizador (aquí y ahora). Los niños encuentran la arena fascinante. Cavan en ella, la remueven, construyen con ella, la tiran, disfrutan con su olor y la sensación que produce, juegan con ella, la moldean y exploran cómo se mueve cuando está seca, húmeda, mojada y empapada.

¿Por qué jugar en la arena?

No existen formas correctas o incorrectas de usar la arena. Invita a la participación, despierta la imaginación, ofrece una experiencia de calma sensorial (para la mayoría de los niños) y, al igual que la música, es una forma divertida de desarrollar destrezas físicas, emocionales, sociales y cognitivas.

Destrezas físicas

Se desarrollan destrezas de los grandes músculos cuando el niño cava, tira, remueve, palea, aplana, moldea y limpia la arena derramada con una escoba y un recogedor. Mejoran la coordinación ojo-mano y el control de la motricidad fina a medida que el niño aprende a manipular la arena con diferentes consistencias.

Destrezas emocionales

Los sentimientos del niño se expresan a través de su conducta. Puede construir y derribar, construir con cuidado y destruir con energía, suavemente remover los granos de arena del castillo y golpear el cubo antes de volcarlo para construir una obra de arte. La arena es tanto acogedora como maleable (todo vale, excepto tirarla a alguien), y si se ha equivocado, puede simplemente comenzar de nuevo o eliminarlo todo. La arena cede ante el niño, lo cual le da poder y sensación de satisfacción.

Destrezas sociales

Cuando varios niños «juegan juntos» en la arena, aprenden a compartir, a negociar y a llegar a acuerdos. Un grupo puede construir una ciudad con calles, cavar túneles y diseñar un zoo de juguete para animales. Al asumir roles asociados con el juego, los niños también aprenden destrezas sociales tales como esperar, compartir, la empatía y el trabajo en equipo.

Dentro del espacio limitado de un arenero, los niños hacen lo que hacen de forma natural: jugar.

Destrezas cognitivas

Antes de que el niño pueda pensar con palabras, tiene un pensamiento preverbal, que es otra forma de decir que el niño utiliza las imágenes antes de pensar y comunicarse con palabras. Dado que jugar con arena no tiene límites, todo es posible, con lo que es la oportunidad perfecta para preguntas abiertas tales como:

- ¿Cómo puedes cambiar o arreglar eso?
- ¿Qué otra cosa podrías hacer?
- ¿Qué sucedería si tú...?
- ¿Qué piensas o qué sientes acerca de...?
- ¿Cómo hiciste eso?
- ¿Hay otra forma de...?

Jugar con la arena también proporciona oportunidades para desarrollar conceptos numéricos porque introduce medidas con palas, tazas, recipientes de diversas formas y tamaños, balanzas y palabras tales como «más» y «menos», «mucho» y «poco», «vacío» y «lleno», «pesado» y «ligero». Para facilitar este desarrollo, pide al niño que cuente cuántas paladas necesita para llenar un recipiente o cuántos castillos de arena puede construir antes de que termine de caer la arena en el reloj de arena. Podrías incluso desarrollar conceptos científicos utilizando cuerdas y poleas para levantar cubos de arena y añadiendo agua, filtros o grava a la arena. Pregunta al niño: «¿Cómo cambia?».

INCREMENTANDO DESTREZAS COGNITIVAS

Las destrezas cognitivas se pueden incrementar añadiendo una variedad de juguetes (pero no todos a la vez). Recuerda que lo semejante calma, mientras que la variedad desarrolla. Utiliza lo siguiente durante el juego en la arena:

- espátulas
- rodillos
- ruedas
- embudos
- cribas
- coladores
- piedras
- conchas
- palas
- cucharas y tazas para medir
- regaderas
- flores y floreros de plástico
- cucharas de madera

- cocteleras
- animales de zoo o de granja
- tubos y cilindros
- pasapurés
- canicas
- rastrillos
- cochecitos
- balanzas
- cazos y sartenes
- poleas
- cucharones
- cuencos de mezclas
- cubos

JUGAR CON AGUA

A los niños les encanta el juego sin orden, y el juego con agua deleita sus sentidos, atrae al tacto, el olfato y el gusto, el oído, la vista y el movimiento. Estimula la imaginación y la coordinación ojo-mano, y promueve destrezas emocionales y sociales. En el juego con agua no existen formas correctas o incorrectas de jugar. Es una actividad sin límites con infinidad de vías para estimular y desarrollar los pequeños cuerpos, corazones y mentes.

Cuando los niños juegan cerca del agua, la seguridad es muy importante. Nunca dejes a los niños solos.

No se trata de los resultados
Se trata de la experiencia.

Destrezas físicas

Jugar con agua:
• mejora las habilidades de motricidad fina (levantar recipientes con agua)
• mejora la coordinación ojo-mano y la destreza (echar agua)
• desarrolla las mejillas y los labios (soplar pompas)
• desarrolla el cruzar la línea media.

Destrezas emocionales

Jugar con agua:
• es relajante y tranquilizante
• no admite diferencias entre lo correcto e incorrecto
• permite la creatividad sin temor al fracaso
• promueve la imaginación

Destrezas sociales

Jugar con agua:
• favorece el juego social y una fácil interacción
• proporciona ocasiones para el juego de roles (lavar a los muñequitos)
• alienta el juego de fantasía (utilizando platos de plástico, barcos, gente, animales, pajitas, ruedas de agua, regaderas y brochas de pintar).

Destrezas cognitivas

Jugar con agua:
• ayuda a aprender palabras nuevas («embudo», «flotar», «lleno», «terminado», «disolución» (terrones de azúcar), «fundirse» (cubitos de hielo), «revolver» y «mezclar» (tinte vegetal), «temperatura»)
• explora las cualidades del agua (líquida, cubitos de hielo, templada y fría, salpicada, vertida, derramada)
• explora de una manera práctica, principios de matemáticas y de ciencias (hundirse y flotar, vacío y lleno, antes y después, superficial y profundo, y cambio).

INCREMENTAR DESTREZAS COGNITIVAS

Incrementa las destrezas cognitivas del niño realizando juegos de exploración y descubrimiento, utilizando elementos tales como:

• Tazas y cucharas para medir • corchos • colorantes alimenticios • redes • palas • tubos de plástico • cuentagotas • embudos • esponjas • botellas de espray • ruedas de agua • batidores de alambre • cubos de varios tamaños • pelotas de ping-pong • patos.

VENCER, PERDER, DESORDENAR Y COMETER ERRORES

¡Muchas veces he pensado lo maravilloso que sería que los bebés vinieran con un diminuto manual de instrucciones que te dijese exactamente cómo criar a un pequeño! Eso sería mucho más fácil que los métodos de ensayo y error que utilizamos para criar a nuestros niños. El problema se multiplica cuando todos los libros nos dicen «sé constante», pero ser constante cuando tienes más de un niño, es poco realista y algo injusto. ¿Por qué puede ser injusto? Constantemente decir «no» a lo que es inseguro o inaceptable es bueno cultural y socialmente, pero tratar de la misma forma a niños que son diferentes puede no ser en absoluto beneficioso. El principio básico es que todos los niños son ciertamente diferentes (en su aspecto, su voz, su personalidad e incluso en el cableado de su cerebro), a pesar del hecho de tener la misma madre y el mismo padre. El cableado del cerebro del hermanito pequeño puede estar necesitado de muchos achuchones, mientras que la hermanita puede necesitar menos achuchones y más tiempo de hablar y dialogar. Ser constante en la forma de tratar a estos dos puede muy bien parecer que favoreces a uno más que al otro. Obviamente, esta no es tu intención, pero es lo que puede percibir un niño sobre tu paternidad. Respetar sus diferencias y apreciar sus semejanzas es tan difícil como enseñar a un niño sobre ganar y perder, mancharlo todo y limpiar.

Ganar, perder, ensuciar y cometer errores son parte de la vida (nadie puede ganar siempre). Un niño no nace sabiendo saltar a la comba, o cómo echar el zumo, o que los vasos y los huevos se rompen fácilmente. Un niño no nace sabiendo montar en bici ni colorear dentro de las líneas. Un niño no nace con una habilidad innata para esperar y compartir, ni tampoco con la habilidad para saber perder.

El niño se hace persona en su interacción con otros y esto incluye ganar, perder, ensuciar, y cometer errores. Estas cuatro cosas suceden de forma natural todos los días. Todos los días un niño gana un juego y otro niño pierde. Y eso está bien. La mayoría de los días, al niño se le caerá algo, accidentalmente se tropezará con algo, se manchará las ropas con pintura o con tomate, se rasgará la camiseta nueva en el parque, o perderá un botón. Ensuciar es perfectamente normal cuando los músculos del niño están aún aprendiendo a coordinar las acciones y cómo es eso de sentirse con el control. Y todo eso también está bien. Es natural para un niño que ya come solo de forma entusiasta, que se manche la barbilla o tire comida en la mesa. Eso está bien. Cuando los niños están jugando y uno se enfada porque otro gana, está bien. Todo ello es parte del proceso de crecer.

El niño no nace como una persona completa, pero sí con el potencial para serlo.

Alguien dijo una vez que si quieres tener éxito, tienes que doblar tu número de fracasos. El fracaso, el desorden, el derramar, o el perder son parte del proceso de completarse como persona. Todas ellas son destrezas que el niño necesita desarrollar para ser capaz de afrontar la vida como ser humano.

Pero para llegar ahí, un niño necesita un modelo que le enseñe que:

• no pasa nada porque derrames algo, siempre y cuando lo limpies

• no pasa nada porque pierdas, ya que es más importante jugar con otros que ganar siempre

• no pasa nada por equivocarte, porque así es como se aprende.

Mamá y papá, elegid con cuidado vuestra actitud ante lo que tire o pierda, y ante sus errores.Vuestra actitud alimentará o bien una sensación de fracaso y vergüenza, o bien la sensación de aprendizaje y éxito incipiente.

Capítulo 4

Desarrollo social

El desarrollo social constituye el fundamento de la necesidad del niño de pertenecer y de ser aceptado. Se produce de forma natural cuando el niño se siente seguro y querido dentro de unos límites de protección. Una vez que ha establecido un fuerte sentido del «yo» y ha tenido suficiente «tiempo de egoísmo» siendo la única «niña de los ojos» de alguien, querrá contactar con los demás. Lo semejante tranquiliza, pero la variedad desarrolla. Es hora de encontrarse con variedad de personas y aprender cómo estar con gente distinta de la unidad familiar (y por esto ha llegado el momento de abrir ventanas y una puerta en las paredes de la casa del desarrollo). Las ventanas permiten al niño tener la oportunidad de observar desde cierta distancia e imitar lo que ha visto durante el juego, puesto que el juego de fantasía le da la oportunidad de practicar conductas sociales, de practicar lo que ve; de intentar llevarlo a cabo.

Una de las mayores quejas de los adultos acerca de su niñez es la falta de juego con sus padres.

MARGOT SUTHERLAND

VENTANAS Y PUERTAS:

comienza a sonreír, agarra las cosas que caen en su mano, desarrolla un fuerte apego con su cuidador/a, responde al NO, señala con el dedo, imita a la gente, empieza a hacer tareas sencillas cuando se le pide, le gusta que le alaben, utiliza palabras simples para comunicarse, juega al lado de otros niños, interactúa con adultos y con niños por igual, juega solo, utiliza frases simples de tres palabras, se baña y viste solo, controla esfínteres, sigue instrucciones.

Socialización

Antes de que el bebé pueda caminar y hablar, la socialización no es una prioridad, pero sí lo es que desarrolle el sentido de sí mismo. La tendencia moderna a que los niños socialicen desde muy pronto, puede ser perjudicial para su desarrollo emocional si no tiene suficiente tiempo de egoísmo, de relación uno a uno, tiempo de «yo».

¿SABÍAS QUE...?

• Los bebés nacen con 300 huesos pero algunos se funden de modo que termina teniendo unos 206-210 huesos. Los bebés nacen sin rótulas (están ahí, pero solo se convierten en hueso cuando el niño comienza a caminar). • Hay 33 vértebras (huesos) en la columna vertebral. • Las vértebras están amortiguadas entre una y otra por un cartílago. • Más de la mitad de los huesos de tu cuerpo se encuentran en las manos y los pies. • Utilizas más de 200 músculos diferentes cuando caminas.

El «yo» viene antes que el «nosotros». Los padres que trabajan no deben sentirse culpables; simplemente deben brindar a su hijo mucho tiempo de egoísmo, de tú a tú, tiempo de «yo», todas las tardes y los fines de semana.

En una columna vertebral sana hay tres curvas naturales: el cuello o zona cervical de la columna, curvada ligeramente hacia dentro; la espalda-media o columna torácica, que se curva hacia afuera; y la parte inferior de la columna o zona lumbar, que se curva hacia dentro de nuevo. El bebé nace con una columna en forma de C, gatear y otros movimientos ayudan a la columna a cambiar de la forma en C a su forma en S.

LA COLUMNA VERTEBRAL DE TU HIJO

La columna vertebral del niño protege el cableado que conecta los sentidos con el cerebro y el cerebro con los músculos. A medida que el niño se desarrolla físicamente, su columna va cambiando de la forma en C a una forma en S, de manera que pueda sentarse derecho, gatear y caminar erguido sobre sus dos piernas. El desarrollo del niño desde un primer estado de indefensión hasta ser independiente, coincide con los cambios en la curvatura de su columna y la liberación de sus manos para aprender a manejar utensilios. El desarrollo de las manos y de los pulgares separándose de los otros dedos, coincide con el desarrollo de los centros del lenguaje en el cerebro.

En nuestra comparación con la construcción de una casa, la columna vertebral tiene una función similar al ascensor de esa casa del desarrollo. Conecta el desarrollo físico del niño con su desarrollo emocional y social y, con el tiempo, con su desarrollo cognitivo. Si la columna no se desarrolla en la forma adecuada, el desarrollo emocional, social y cognitivo pueden verse retrasados. Cuando la columna se ha curvado en la forma de S, las manos y el lenguaje habrán comenzado su desarrollo y el niño se estará preparando para jugar y, más adelante, para jugar con otros.

TIEMPO DE JUEGO

Jugar es una forma divertida de aprender sin la presión de obtener resultados. Durante los diversos estadios del juego el niño imita y absorbe la mayor parte de las destrezas sociales propias de su cultura y de su ambiente en general. Hay muchas clases diferentes de juego, la mayoría de ellas relacionadas con el nivel alcanzado por un niño en una etapa concreta del desarrollo. Lo que sigue es una adaptación de las categorías diseñadas por Marga Grey en *Sensible Stimulation* (Metz Press, 2009).

Juego sin implicación

En este tipo de juego el niño se encuentra pasivo y poco atento, implicado solamente en sus propias necesidades básicas: calor, alimento, seguridad y comodidad. Es el juego típico de un bebé muy pequeño y de un niño enfermo o en período de recuperación.

Juego en solitario

En el juego en solitario el niño se mueve y encuentra placer en tocar su cara, sus manos y los dedos de los pies. Descubrir su cuerpo es el objetivo fundamental y es el juego típico del bebé en desarrollo y del niño que busca sensaciones.

Juego de espectador

El niño está atento, pero se muestra reservado y mira cómo juegan otros en lugar de participar él. Es la conducta típica del niño sensible en un ambiente nuevo o poco familiar, se produce antes de decidir si participa con los otros niños o no.

Juego de imitación

El niño que se ha implicado como espectador de un juego, empieza a imitar lo que ha visto. Es como si estuviese «probando» la conducta de otros para ver si se adapta a ella. El niño disfruta con la experiencia y no se preocupa del resultado.

Niño jugando
= niño trabajando

El juego es la forma más elevada de investigación.

ALBERT EINSTEIN

Juego constructivo

Durante el juego constructivo el niño empieza a jugar con un propósito, quiere empezar y terminar él solo y se siente feliz siguiendo reglas básicas para hacerlo. Lo importante es hacerlo solo, sin ninguna ayuda y es una conducta típica del niño en desarrollo.

Juego comunal

Cuando las destrezas sociales del niño empiezan a mejorar, comienza a participar en el juego comunal en el que dos niños juegan juntos, pero sin reglas ni turnos. Como cuando dos amigos construyen con bloques y juegan con coches alrededor de sus construcciones. No hay otra finalidad más que la de jugar juntos.

Juego cooperativo

Dos o más niños juegan juntos y tienen el mismo objetivo. Establecen las reglas sobre la marcha y si alguno no juega conforme a las reglas, oirá las temidas palabras: «Ya no eres mi amigo». El propósito fundamental es trabajar juntos o cooperar.

Juego paralelo

El juego paralelo es muy semejante a dos hombres que van a pescar y apenas hablan entre ellos, simplemente disfrutan de la compañía del otro en silencio; o dos mujeres disfrutando de un masaje, separadas por solo unos metros. Lo mismo es aplicable a niños dedicados al juego paralelo; cada uno de ellos está en su juego en solitario, pero son conscientes y disfrutan de la presencia del otro. Incluso dirán que son amigos.

Juego creativo

Este es el tipo de juego al que se dedican los niños cuando los adultos están
conversando y los niños tienen que entretenerse solos porque no hay televisión.
Una pelota puede convertirse en un misil y piedras o rocas pueden ser porterías.
Las reglas del juego se van inventando según se va desarrollando el juego. Es
interesante observar como los niños, a menudo, dedican más tiempo a elaborar
las reglas y establecer quién es quién, que a jugar realmente. Y da que pensar,
ya que a menudo los padres creen que a los niños no les gustan las reglas…

Juego competitivo

El nombre del juego es «ganar». Se trata de la forma típica de jugar en la que
puede haber un tiempo determinado y siempre hay unas reglas fijas (no las
reglas hechas por los niños); son los juegos que incluyen dados, cartas y los
deportes.

Juegos de fantasía

Los juegos de fantasía y los sueños
desafían las reglas de la realidad y de
la lógica.Es un tipo de juego en el que
todo es posible: los animales pueden
hablar, las personas pueden volar, las
hadas transforman las cosas, y el
héroe siempre vence.

Los juegos de fantasía casi
siempre involucran
accesorios y vestimentas,
y son un componente crucial
en el desarrollo emocional
y social. No tienen límites de
tiempo y pueden cambiarse
en un instante sin que nadie
se altere.

Es bueno que los niños reciban golpes. Pero solo si aprenden que pueden sobrevivir a ellos.

TESSA LIVINGSTON

AMOLDARSE

Para que tu pequeño se amolde a un contexto social, necesita adquirir ciertas destrezas sociales que son deseables:

- Sigue instrucciones la primera vez que son dadas.
- No toca las pertenencias de otros sin permiso.
- No molesta o lastima a otros.
- Pide las cosas por favor y da las gracias.
- Respeta a los demás.
- Comparte.
- Es capaz de estar callado cuando es necesario.
- Acepta el «No» como respuesta.
- Es capaz de esperar su turno.
- Le gusta explorar, interactuar y estar con otros.

Cómo ayudar a tu hijo a amoldarse

- Sé un buen modelo para él. Los niños pequeños son observadores muy agudos, tienden a imitar las conductas que ven. Una de las mejores formas de promover destrezas sociales positivas en los niños pequeños, consiste en dar ejemplo siendo un buen modelo de conducta.
- El niño imitará lo que tú hagas, no lo que digas.
- Muestra aceptación y aprecio.
- No dudes en establecer límites razonables.
- Anima a tu hijo a mirar a las personas cuando hablen con él (siempre que sea socialmente apropiado).
- Haz todo lo que esté en tus manos para que el niño se sienta seguro y querido, solo así estará dispuesto a explorar el mundo de los amigos.
- Organiza ratos de juego con niños de su misma edad, o apúntale a un grupo de juegos en vuestra zona de residencia. No obstante los niños aprenden mejor cuando juegan espontáneamente con otros niños mientras los padres conversan entre sí.
- Apúntale a clases de arte, natación o música, donde pueda estar con otros niños de su edad.
- Explícale la importancia y lo agradable que es tener amigos: son divertidos, te abrazan cuando te haces daño, ayudan a hacer planes para solucionar problemas y nos pueden enseñar cosas nuevas.
- Favorece que escuche sin interrumpir.
- Juega con él a juegos de mesa para que aprenda a esperar su turno y a compartir con otros.

Los niños no nacen con destrezas sociales.
¡Tienen que aprenderlas!

EL NIÑO QUE TIENE AMIGOS …	EL NIÑO QUE NO TIENE AMIGOS …
es positivo y amistoso	es mandón, agresivo, dominante
es fácil de tratar y más abierto	es caprichoso e impredecible
se adapta más fácilmente a la escuela	tiene más probabilidades de experimentar rechazo de los compañeros en clase
es probable que le resulte más fácil aprender, ya que se siente aceptado	tiene más probabilidades de experimentar problemas académicos en la escuela
es capaz de aprender a socializar	tiende a jugar con niños más pequeños o mayores que él

¡ABUSÓN!

CÓMO CRIAR A UN ABUSÓN

- Critícale a menudo.
- Mándale con imposición y exigencia.
- Ridiculiza los esfuerzos de tu hijo.
- Búrlate de sus destrezas, su estatura y su sensibilidad.
- Ignora sus sentimientos.
- Castiga severamente incluso los más pequeños errores.
- Tras un incidente sométele a un interrogatorio de tercer grado.
- Asume que siempre miente.
- Apela con frecuencia al temor.
- Dedícate a decirle cosas como «Eres un…vago, tonto, desagradable, mimado, una desgracia, una decepción…».
- Haz que se arrepienta de haber dicho la verdad.
- Culpa siempre a los demás.
- Sé gritón y agresivo con otros.
- Cuenta chistes racistas, sexistas, religiosos y otros carentes de sensibilidad.
- Diviértete siempre que puedas con engañar y mentir.

SIGNOS DE ESTAR SUFRIENDO ABUSOS

- Moratones, heridas y cortes.
- Vestidos rotos o estropeados.
- Dolores de tripa y de cabeza.
- Orinarse o manchar la cama.
- Pesadillas nocturnas.
- Tristeza y ansiedad.
- Explosiones repentinas de rabia.

SER ABUSADO	SER EL ABUSADOR
Es preciso pararlo	Es preciso pararlo
El niño necesita ayuda	El niño necesita ayuda
El niño necesita desarrollo físico para sentirse menos tímido	El niño debe pedir disculpas
El niño necesita amigo(s)	El niño necesita admitir que abusa de otros
El niño necesita sentir que no está aislado de los demás	El niño necesita un modelo de conducta positivo
El niño necesita desarrollar confianza y asertividad	El niño necesita que se le dé alguna responsabilidad (como cuidar de los peces en el aula) y recibir alabanzas cuando hace bien las tareas
El niño necesita controlar sus quejas y lloriqueos	El niño necesita pasar tiempo significativo con uno de los padres, el cuidador/a o alguien que sea un modelo positivo
El niño necesita defenderse solo	El niño necesita entender que abusar puede ser un hábito, y como tal puede cambiarse

Muchos líderes mundiales que han sido disciplinados por medio de la ira y la crueldad, acaban tratando a su propio pueblo de forma abominable o acosando a otras naciones.

MARGOT SUTHERLAND

RIVALIDAD ENTRE HERMANOS

La rivalidad entre hermanos se da cuando un niño se siente excluido o ignorado por causa de su hermano/a. Es algo totalmente normal y existe en todas las familias, pero necesitas prestarle atención y actuar sobre ello si aparece. Detectar un caso de rivalidad entre hermanos a menudo es tan sencillo como darse cuenta de que uno de tus hijos te está mirando cuando acunas, o cuando abrazas o te estás divirtiendo con el otro. Su mirada puede estar diciendo: «No me gusta»; pero no sabe utilizar palabras para decir: «Parece que prefieres a mi hermana más que a mí y eso me entristece por dentro». Por el contrario, puede «decirlo» pegando a su hermana en privado, o siendo desafiante, triste y/o pegajoso.

Básicamente, lo que necesita es tiempo contigo, sin que os interrumpan, tiempo especial, tiempo divertido contigo y a solas. No necesita entender que «ya es un niño mayor», porque él no se siente así. Necesitas crear un ambiente de aceptación para todos tus hijos y tratarles de forma única y no necesariamente igual. Busca tener una cita diaria y sin interrupciones con cada niño. Con el bebé puede ser el tiempo de alimentarle; con el de pocos años, jugar un rato al aire libre o leerle un cuento mientras el bebé duerme o está entretenido; con el niño un poco mayor, hacer algo que a él le gusta hacer es lo que aprecia («los próximos 30 minutos son totalmente tuyos, ¿qué te gustaría hacer?»). El niño mayorcito puede disfrutar simplemente de salir contigo a la biblioteca, a una pequeña compra (pero sin que haya un trato cada vez, el trato es la cita), ir a tomarse un batido mientras charláis o dar una vuelta en bicicleta.

Evita tomar partido siempre que sea posible. A los niños mayores dales tiempo para que resuelvan por ellos mismos los problemas, interrumpe solo cuando/si necesitas separarles para que se calmen. Si esto ocurre muy a menudo, busca ayuda profesional de un terapeuta experto en el juego.

Los escáneres cerebrales confirman que las impresiones del exterior pueden activar los centros del dolor en el cerebro.

N EISENBERGER

Lo anterior significa que las emociones o sentimientos que resultan de influencias externas (por ejemplo, mamá abrazando a la hermanita), pueden producir una respuesta cerebral como si fuese un dolor físico.

ACTIVIDADES

Los niños con dificultades sociales con frecuencia se sienten inseguros sobre cómo interactuar con otros niños. Los juegos estructurados les ayudan a disfrutar con otros y, de ese modo, hacer amigos. Los siguientes juegos en los que participan dos o más niños pueden ayudar a mejorar el desarrollo social.

PATO, PATO, GANSO

El juego consiste en evitar ser desterrado a la Casa Poder (que es el centro del círculo de juego).

Los niños se sientan en un círculo. Un niño «se la queda» y camina alrededor del círculo tocando a cada niño en la cabeza diciendo «pato, pato, pato…». Cuando al tocar a uno dice «ganso», este se levanta y le persigue corriendo alrededor del círculo. El niño que llegue primero al sitio vacío se sienta y el otro «se la queda». Si el que fue tocado pilla al que se la quedaba antes de que se siente, este pasa a la Casa Poder y permanecerá allí sentado hasta que otro sea pillado y pase a la Casa Poder sustituyéndole. Los niños disfrutan con este juego.

Nota: El centro del círculo generalmente se llama el Pozo Apestoso, pero dado que el niño que va allí con más frecuencia generalmente es el menos rápido y menos fuerte, se ha cambiado el nombre del lugar para mejorar su autoestima dándole poder para la siguiente vez.

Para un niño pequeño compartir significa tener menos.

LEONIE HENIG

CARRERA DE CARRETILLAS

Este juego desarrolla el tono muscular. Es un juego competitivo en el que dos o más equipos de dos niños compiten. Uno de los dos niños del equipo es el conductor y el otro es la carretilla. El conductor coge por los tobillos al «carretilla» mientras este camina sobre sus manos. La primera pareja que cruce la línea de meta, será el equipo ganador.

CARRERA DE TRES-PIES

Coloca a los niños de dos en dos, emparejando a niños de altura y constitución similares. Cada jugador se coloca al lado de su pareja y ponen un brazo alrededor de la cintura del otro. Las dos piernas deben estar tocándose (la pierna derecha del niño que está a la izquierda y la pierna izquierda del niño que está a la derecha). Utiliza bufandas o tiras de tela para atar las piernas juntas, de modo que cada pareja tenga tres piernas en vez de cuatro. Los niños se colocan detrás de la línea de salida. Cuando des la señal, caminarán o correrán lo más deprisa posible hasta la línea de meta.

Este juego parece fácil pero requiere práctica para que dos piernas caminen como si fuesen una sola. Vence la pareja de niños que cruce primero la meta. No dejes de aplaudir a cada pareja que cruce la meta y no solo a los vencedores. Los equipos que terminen pueden volver para animar a los que se vayan quedando atrás.

SALTAR A LA COMBA

Los juegos de comba son juegos rítmicos y de competición para ver quién da más saltos sin cometer falta. Saltar a dobles es cuando dos niños saltan a la vez. Los niños cantan el siguiente ritmo de comba a la vez que saltan:

Papá, mama
de cuantos añitos
me dejas casar
de 1, de 2, de 3, de 4, de 5, de 6….

Los saltadores continúan saltando mientras cuentan en voz alta el número de saltos que dan sin fallar. El juego termina cuando cometen falta.

ESCRIBÍ UNA CARTA A MI AMOR

Los niños se sientan en un círculo. Uno de los niños «se la queda» y se coloca fuera del círculo con un pañuelo en la mano. Va saltando alrededor del círculo mientras canta:

Escribí una carta a mi amor,
Y por el camino la perdí.
Uno de vosotros la cogió
Y la puso en su bolsillo.
No fuiste tú. No fuiste tú…
(va repitiendo al pasar por detrás de cada niño).

Continúa cantando el ritmo hasta que grita: «¡Fuiste tú!» mientras tira el pañuelo detrás de uno de los niños del círculo. Este niño tiene que coger el pañuelo y correr en dirección contraria al que se la quedaba para tratar de llegar antes al sitio que dejó vacío. El último en llegar se la quedará.

EL MONO EN EL MEDIO

Comienza con tres niños. Dos de ellos se colocan a 3-4 metros de distancia uno del otro y el tercer niño se coloca en el medio. Los dos de los extremos se tiran la pelota uno al otro, con cuidado de que no se les caiga. El niño en el medio debe tratar de coger la pelota. Cuando este coge la pelota, o a uno de los otros dos se le cae, el que la tiró o se le cayó pasa al centro. El anterior «mono en el medio» pasa al extremo y sigue así el juego.

GIRA QUE TE GIRA

A las niñas pequeñas les encanta vestirse de fantasía y girar para mostrar sus vestidos. Hacerlo entre amigas es una gran diversión.

¡MARCO! ¡POLO!

Este juego se juega en una piscina. El niño elegido para «quedársela» se coloca en un extremo de la piscina con los ojos vendados. Cuenta hasta diez y grita «¡Marco!» y todos los demás en la piscina responden «¡Polo!». Al gritar «¡Marco!», el niño que se la queda trata de calcular dónde están todos los otros niños cuando gritan «¡Polo!». Entonces debe intentar coger a uno de los niños. Puede gritar «¡Marco!» siempre que quiera, hasta que coja a alguien, que se la quedará.

Variación: Todos los niños excepto el que se la queda, pueden salir de la piscina siempre y cuando una parte de su cuerpo siga tocando el agua, aunque sea solo el dedo gordo del pie. Siempre tienen que responder «¡Polo!» cuando el niño que se la queda grite «¡Marco!». Interesa, por lo tanto, mantenerse en movimiento, pero siempre con algo del cuerpo dentro del agua.

El juego de ¡Marco! ¡Polo! (y especialmente su variación), se presta mucho a saltar por todas partes, dentro y fuera de la piscina, incluso por encima de alguna cabeza; por ello es muy importante la supervisión del adulto.

En el hogar

Tu papel en casa y dentro de la familia, así como la actitud que adoptes hacia tu hijo según va creciendo y explora su desarrollo social, juega un importante papel en su socialización (tanto dentro de los confines de la casa como más allá de esta). Tu participación e implicación en actividades de socialización deben considerar leer y contar cuentos y también el sentido de diversión y de disposición de tu pequeño.

LEER Y CONTAR CUENTOS

Del mismo modo que tu hijo disfruta jugando con juguetes, así gozará también leyendo libros contigo. Todos los niños necesitan tener la oportunidad de explorar libros con sus manos y con su boca. Los niños pequeños deberían tener algunos libros de plástico o de tela que puedan ser lavados fácilmente y, puesto que estos libros no son muy delicados, sirven para que tu hijo aprenda a pasar las hojas con cuidado. Pasar las hojas con cuidado y coordinación es una destreza que aún tiene que aprender.

Elegir libros

Cuando selecciones libros para el niño pequeño, recuerda que tiene preferencia por los dibujos grandes y sencillos, y que no necesita palabras. Puedes, de ese modo, utilizar los dibujos para inventar tus propios cuentos. Los libros de cuentos desarrollan las destrezas de la comunicación sonora y contribuyen a incrementar el vocabulario del niño, que a esta edad aumenta cada día. Los cuentos dan rienda suelta a la imaginación y desarrollan la memoria del niño. Verás que tu niño de hecho disfruta escuchando el mismo cuento una y otra vez ya que se familiariza con la historia y le resulta predecible. A los niños les gusta saber qué es lo que va a pasar a continuación.

Construir vocabulario

Utiliza imágenes para aumentar el vocabulario de tu hijo preguntándole «¿Qué es esto?» a la vez que apuntas a un dibujo. Elige momentos en los que el niño esté relajado para «leer». Nunca fuerces al niño a sentarse y escuchar, ya que esto crearía una asociación negativa con algo que en esencia debe ser una actividad placentera. Recuerda también que la actividad de «leer» no necesita durar más que unos pocos minutos (deja al niño que marque los tiempos). El momento más adecuado puede ser justo antes de acostarse. Leer y contar cuentos es tranquilizante y relajante, y el niño lo asociará con algo bueno y con una atención cariñosa.

LOS BENEFICIOS DE LEER Y CONTAR CUENTOS

Adquiere el compromiso de leerle a tu hijo todos los días. En última instancia, leer es la ruta hacia todo aprendizaje. La persona a la que le gusta leer y que lee bien, tiene el mundo en la palma de su mano. El gusto por la lectura se desarrolla temprano, cuando tu hijo y tú os acurrucáis juntos totalmente absortos en el cuento.

Los cuentos, en cualquier forma o modalidad, son siempre importantes, y por medio de ellos el niño va logrando:

- desarrollar destrezas visuales y auditivas
- construir un archivo de recuerdos
- aumentar su vocabulario
- adquirir conocimientos generales
- estimular su imaginación
- ponerse en contacto con sus propias emociones y las de otros
- desarrollar el gusto por los libros y la lectura
- desarrollar el concepto de una secuencia lógica de acontecimientos

   (Hazle preguntas tales como: «¿Qué ocurrió primero?», «¿Y después qué sucedió?», «¿Y qué pasó al final?»)

- descubrir que las palabras son símbolos de las cosas reales, lo que le ayudará en el aprendizaje de la escritura y la ortografía.

El lenguaje corporal añade énfasis a lo que decimos. Las palabras enfatizan el significado de nuestro lenguaje corporal.

PETER BULL

LENGUAJE CORPORAL
Y DESARROLLO SOCIAL

Más del 60% de lo que dices o transmites cuando lees un cuento, no está en las palabras sino en:

- la expresión de tu cara
- la abertura de tus ojos
- el volumen, rapidez y tono de tu voz
- la forma de gesticular con tus manos
- cómo se mueve tu cuerpo
- sonidos que emites al respirar
- la posición de tus ojos en relación a la posición de los ojos del niño (cuando te colocas al nivel de los ojos del niño, estáis emocional y socialmente «en la misma página». Cuando te sitúas por encima de él, estás en control, pero no en sincronía).
- la sonrisa de tu cara (los niños son especialistas en detectar una sonrisa falsa, una felicidad fingida o un gesto no sincero. La honradez de un padre en cuanto a cómo se siente realmente es tranquilizadora para el niño. Sabe cuándo le mientes. Se siente engañado cuando no confías en él con la verdad; no hacen falta todos los detalles, solo la verdad sobre tus sentimientos).

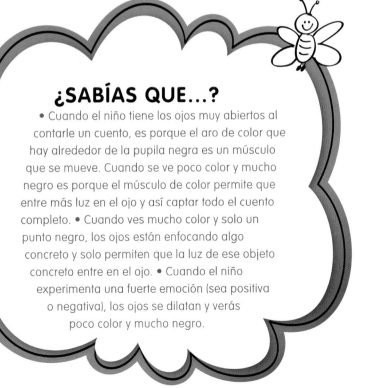

¿SABÍAS QUE…?

- Cuando el niño tiene los ojos muy abiertos al contarle un cuento, es porque el aro de color que hay alrededor de la pupila negra es un músculo que se mueve. Cuando se ve poco color y mucho negro es porque el músculo de color permite que entre más luz en el ojo y así captar todo el cuento completo. • Cuando ves mucho color y solo un punto negro, los ojos están enfocando algo concreto y solo permiten que la luz de ese objeto concreto entre en el ojo. • Cuando el niño experimenta una fuerte emoción (sea positiva o negativa), los ojos se dilatan y verás poco color y mucho negro.

La risa es uno de los placeres más deliciosos y universales de la vida.

KATRINA FRIED

LA RISA

La risa y el humor refuerzan la unión entre un padre y un hijo. Sea con una mueca, una sonrisa, una risilla, un ronquido, una carcajada, una risa o un rugido, el cerebro libera sustancias químicas (serotonina y dopamina) que atraen a la gente entre sí y dan un impulso al sistema inmunitario

La risa es la distancia más corta entre dos personas.

VICTOR BORGE

Encuentra la gracia

Los niños se ríen de las cosas más ridículas; y después las repiten una y otra vez. Tu tarea es reírte una y otra vez. Compartir un chiste, un juego de palabras o una broma es un importante componente básico en el desarrollo de las destrezas sociales y emocionales; es una forma de descubrir lo que le gusta a otra persona. Los bebés y los niños pequeños disfrutan con «Este dedito compró un huevito», pero intenta los siguientes chistes con niños más mayores:

- ¿Qué le dijo un ojo al otro? «Entre tú y yo hay algo que huele».
- ¿Qué es negro cuando lo compras, rojo cuando lo usas y gris cuando lo tiras? El carbón vegetal (Un niño puede disfrutar de este chiste especialmente cuando haya experimentado por sí mismo estos cambios de color en una barbacoa familiar).
- Imagínate si a los pájaros les hiciesen cosquillas las plumas. Andarían por ahí riendo.

Merece la pena tener libros de chistes y rimas pues proporcionan horas de diversión en el coche, en el tren o en días lluviosos.

¡TOC TOC!

- Toc, toc. ¡No hay nadie! ¡Ah! ¡Menos mal que no vine!
- Toc, toc. ¿Quién es? Juan ¿Juan qué? Juan, two, three
  Toc, toc. ¿Quién es? ¡Aitor! ¿Aitor qué? ¡Aitor menta!
- Toc, toc.¿Quién es? ¡Lola!

La alegría es la forma más sencilla de gratitud.

KARL BARTH

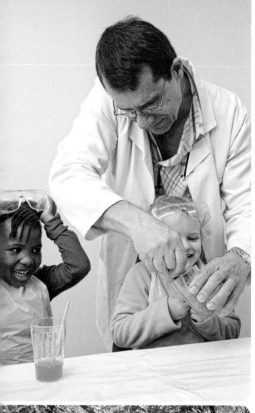

ROLES PARENTALES

En la mayoría de los hogares modernos los roles y responsabilidades parentales tienden a variar y se han distanciado del tradicional: la mamá en casa y el papá trabajando todo el día. En muchos casos se ha producido una dramática inversión de los roles en el hogar y con todo tipo de combinaciones que han afectado a la crianza feliz, inteligente y bien ajustada de los niños.

Hoy día, por ejemplo, muchos padres trabajan desde casa y muchas madres son madres solas que tienen toda la responsabilidad de criar a sus hijos. Actualmente, además, la paternidad o maternidad en sí mismos son un trabajo a tiempo completo y, aunque puede ser muy cansado y difícil, puede ser también inmensamente gratificante estar íntimamente involucrado con el desarrollo social de tu hijo.

¿Dónde encaja papá?

- Papá no es un suplente de mamá.
- La relación de papá con mamá es importante.
- Papá es un modelo para el chico.
- El niño imita lo que papá hace, no lo que dice.
- Se dice que un papá implicado aumenta el CI del niño, su sentido del humor, capacidad de atención y actitud hacia el aprendizaje.
- El amor de mamá es algo esperado (y a veces se da por sentado), mientras que el niño a menudo siente que tiene que ganarse el amor de papá.
- Papá juega de forma ruda, lo que es excelente para el desarrollo de la motricidad gruesa.
- Las expectativas de papá tienen que ser objetivas. Es estupendo jugar a juegos que implican un reto, pero hay que cuidarse de no presionar demasiado y demasiado pronto pues podría resultar en frustración para ambos (niño y padre).
- Papá enriquece la autoestima del niño, ya que así tiene dos personas que le quieren.

Nota: Si el padre está ausente, otra persona importante para el niño (incluso la madre) puede jugar un papel igualmente significativo en el desarrollo del niño. La presencia significativa de la otra persona importante es de un enorme valor, para que el niño tenga dos (o más) personas que le quieran y estén ahí para él.

Es fácil llegar a ser padre, pero muy difícil ser un papá.

WILHELM BUSCH

El rato de cuentos con papá

El rato de leer cuentos con papá es superespecial. No se trata solo del cuento, se trata de la sensación de su cuerpo grande y fuerte junto a la pequeña constitución del niño, su olor varonil, su voz profunda y sus grandes manos que sostienen el libro. Todo esto dice: «Estás seguro conmigo. Yo te apoyo. Estás bajo mi protección».

LOS DOS LOBOS

Una tarde un viejo cherokee nativo americano, contó a su nieto la batalla que ocurre dentro de los corazones de la gente:

«Hijo mío, la batalla tiene lugar entre dos "lobos" dentro de todos nosotros. Uno es la Maldad; es la ira, la envidia, los celos, la pena, el remordimiento, la avaricia, la arrogancia, la autocompasión, la culpa, el resentimiento, la inferioridad, la mentira, el falso orgullo, la superioridad y el ego. El otro es la Bondad; es el gozo, la paz, el amor, la esperanza, la serenidad, la humildad, la amabilidad, la benevolencia, la empatía, la generosidad, la verdad, la compasión y la fe».

El nieto reflexionó un minuto y después preguntó a su abuelo: «¿Qué lobo vence?» El viejo cherokee respondió: «El que alimentas».

Desarrollo cognitivo

El desarrollo cognitivo es el último de los cuatro niveles de aprendizaje: el desarrollo físico es prioritario, seguido por el emocional y social, y finalmente, el desarrollo cognitivo. Los cuatro niveles están descritos en *Juega Aprende Descubre* como cuatro niveles separados, pero no se desarrollan por separado. Todos los niveles se desarrollan simultáneamente, cada uno dentro de un marco de tiempo en el cual su desarrollo es prioritario; y estos marcos temporales están ilustrados en la secuencia que sigue la construcción de la casa del desarrollo:

FÍSICO	Los cimientos y el ascensor	El desarrollo de los sentidos y de los músculos a través de los movimientos de motricidad gruesa y fina, el equilibrio y cruzar las líneas medias
EMOCIONAL	Las paredes	El desarrollo del sentido de sí mismo, la confianza, la independencia, el control de impulsos y la concentración
SOCIAL	Las ventanas y las puertas	La postura erguida, adaptarse mediante el compartir, esperar, y aceptar el «NO»
COGNITIVO	El tejado	El desarrollo del lenguaje, la percepción, la adquisición de conceptos abstractos, la lateralidad, el pensamiento crítico y la resolución creativa de problemas

EL TEJADO:

escucha, imita sonidos (mamá, papá, baba, tata), reacciona a las instrucciones, sigue instrucciones secuencialmente, desarrolla la percepción auditiva (discriminación, análisis, síntesis, discriminación figura/fondo, secuenciación, cierre y memoria), desarrolla la percepción visual (discriminación, análisis, síntesis, discriminación figura/fondo, secuenciación, cierre, constancia de la forma y memoria), establece la dominancia de ojo, oído, mano y pie, desarrolla procesos de pensamiento crítico y creativo a través del descubrimiento, nombrar, describir, recordar, comparar, clasificar, categorizar, agrupar, cuestionar, explicar y evaluar.

Lenguaje

El desarrollo cognitivo se basa en gran medida en el desarrollo de las destrezas del habla y del lenguaje. El habla es la habilidad para combinar sonidos para formar las palabras. El lenguaje consiste en la comprensión y el uso correcto de esas palabras.

LAS HERRAMIENTAS DEL PENSAMIENT

Las destrezas del lenguaje comienzan a desarrollarse desde el nacimiento por medio del tacto y de nombrar cada parte del cuerpo, las prendas de vestir, las personas y cualquier objeto con el que el niño entra en contacto. A medida que experimenta su cuerpo y el mundo que le rodea a través de los sentidos, comienza a construir un vocabulario silencioso y destrezas de lenguaje receptivo. De hecho, escucha y entiende el lenguaje mucho antes de utilizarlo.

¿SABÍAS QUE...?

• El desarrollo del habla comienza cuando el bebé está mamando. Cuando sus labios, mejillas, lengua y respiración trabajan juntos rítmicamente, el tragar se desarrolla automáticamente, lo que ayuda a la coordinación de todos los músculos necesarios para hablar con claridad. • Los problemas con la alimentación en la infancia son, a menudo, la raíz de los problemas del habla. • Cuando mamá y papá acunan rítmicamente al bebé para dormirle, mientras susurran una canción de cuna, están haciendo entrenamiento básico para el habla. • El habla y el lenguaje tienen dos partes: el lenguaje receptivo, que es escuchar lenguaje, y el lenguaje expresivo, que es emitir sonidos y después decir palabras y, más tarde, utilizar las palabras en frases correctas. • Los niños con alteraciones auditivas o con dificultades en el procesamiento auditivo, experimentan retrasos en el desarrollo cognitivo. • La audición de los niños debe ser revisada regularmente por un otorrino.

«TIBURÓN» VA A LA GUARDERÍA

La mayoría de los padres temen tener en casa a un mordedor, o que otro niño muerda a su pequeño. Morder es visto por muchos padres como una conducta más seria que cualquier otra conducta infantil, como pellizcar o pegar. La verdad sea dicha, todo ello procede de las mismas frustraciones que experimentan los niños de edades entre el año y los dos años y medio.

Morder puede ser frecuente en grupos de niños. En parte es debido a que hay muchos niños alrededor y el mordedor encuentra fácilmente una mano o un brazo. Un niño pequeño no se levanta por la mañana y piensa: en la guardería me voy a esconder detrás de la puerta y esperaré a que pase Juanito para abalanzarme sobre él y mordisquear su brazo. No es el caso, más bien ocurre que: Juanito tenía su brazo en mi línea de fuego cuando yo buscaba aquel juguete. Un mordisco es un impulso que simplemente parecía una buena idea en aquel momento.

Los niños pequeños tienen un vocabulario limitado y cuando están jugando unos junto a otros en estas edades, no siempre son capaces de pedir un juguete. Juanito tiene el juguete que yo quiero, así pues yo intento arrancárselo de sus garras y cuando eso falla, clavo mis pequeños dientes en su brazo, (lo cual tiene el efecto deseado, ya que Juanito suelta el juguete y yo soy feliz). Me resulta muy difícil entender por qué mi cuidador se enfada tanto conmigo. En otro momento el consejo fue: «¡Devuelve el mordisco!».

Ahora piensa sobre esto: la venganza puede producir dolor al «mordido», pero el mensaje de que morder no está bien no le llega al niño; por el contrario, dar permiso para devolver el mordisco es dar el mensaje de que el adulto dice que está bien, por lo tanto estoy en mi pleno derecho a expresarme de esta forma cuando estoy furioso.

Creedme, como madre de un mordedor, comprendo vuestra frustración y la sensación de desesperación cuando una madre se enfrenta contigo a las puertas de la guardería con la evidencia en el brazo de su pequeño, exigiendo saber lo que vas a hacer aquí y ahora con el «tiburón» (de tu querido niño). Yo recibí una llamada telefónica a casa de un padre preguntándome qué iba a hacer al respecto. Yo estaba horrorizada, ya que el incidente había ocurrido por la mañana y no había forma de que mi hijo de dos años pudiese recordar lo sucedido.

¿Cómo podemos abordar esta situación? Comienza cuando tu niño es aún pequeño. Cuando teniéndole en brazos Pedrito te muerde en el hombro en un momento de excitación, ponle en el suelo de inmediato y dile: «No muerdas, eso duele». La mayoría de los niños pronto entenderá que esta no es una conducta aceptable. Si quiere que le atiendan no debe morder la mano que le alimenta. A menudo jugamos con los niños mordiendo sus pies o sus dedos, pero tengamos en cuenta que para los niños es difícil distinguir entre morder como juego y un mordisco doloroso. Es mejor vetar todos los mordiscos.

No es necesario un bozal; desviar su atención cuando muestre signos de querer morder de nuevo es suficiente. La alternativa es ignorar al mordedor y prestar atención al niño que ha sido mordido. Si muerde premeditadamente o lo repite después de esta estrategia sutil, recurre al «tiempo-fuera».

En una reunión social, asegúrate de seguir de cerca al mordedor. Sigue sus movimientos y desvía su atención antes de que alcance con sus dientes a su rubita compañera de juegos. Los demás padres generalmente son muy rápidos en etiquetar a los niños y puedes verte, tú y tu «mordedor», separados de eventos sociales. En todo caso, a pesar de la aparente mala conducta de tu niño, te puedo garantizar que tu pequeño «Tiburón» no morderá a sus amigos cuando se le tuerzan las cosas en el instituto… Es más probable que le haga ojitos a la graciosa rubia que intentaba morder cuando eran pequeños.

Los niños pequeños tienen más tendencia a morder cuando están cansados, aburridos o irritados, por lo que estos no serán los mejores momentos para socializar. Presta atención a las necesidades de tu pequeño primero.

APRENDIZAJE DEL LENGUAJE

Para facilitar el aprendizaje del lenguaje, los padres o cuidadores deben ser conscientes de los niveles del desarrollo y de los hechos relacionados con las destrezas del lenguaje:

- El bebé es capaz de captar palabras y sonidos desde el vientre de la madre.
- Los primeros sonidos que emite el bebé no son sonidos de lenguaje, sino más bien respuestas de incomodidad o de placer.
- Los bebés de todas las culturas emiten los mismos sonidos cuando empiezan a balbucear.
- Antes de que el bebé cumpla el primer año de vida, es capaz de aprender cualquier idioma; después, su cerebro se especializa más en la lengua materna y en cualquier otra lengua a la que esté expuesto regularmente.
- Los bebés utilizan los órganos del habla (lengua, labios, dientes) y sus cuerdas vocales para emitir sonidos.
- Los bebés reconocen sonidos y tonos diferentes, pero no significados.
- Más adelante, el bebé comienza a unir el sonido de una palabra con su significado.
- Los bebés usan una sola palabra cada vez.
- Los bebés pueden ser capaces de comprender la gramática, aunque no puedan utilizarla aún. Más tarde, comienzan a utilizar las reglas gramaticales en sus frases.
- Su habilidad para recordar palabras se acelera rápidamente a medida que crecen.
- Al principio comienzan por combinar palabras simples como «No está» o «Pelota perro».
- Se desarrollan las Destrezas Básicas de la Comunicación Interpersonal (BICS, por sus siglas en inglés).
- Se desarrolla el Proceso Cognitivo del Lenguaje Académico (CALP, por sus siglas en inglés)
- De forma generalizada, el lenguaje necesita ser escuchado para poderlo hablar.

Los niños aprenden el lenguaje por fases. La inteligencia no se puede determinar o predecir por la rapidez con la que el niño adquiere las destrezas del lenguaje.

Si los padres pretenden que el niño acceda a una escuela primaria en otro idioma, el niño necesita años de aprendizaje escolar impartido por nativos de ese idioma, antes de que esté preparado para seguir la escolaridad en ese segundo idioma.

El aprendizaje de una segunda lengua

El bebé tiene el potencial de aprender más de un idioma desde el comienzo. La mayoría de los terapeutas del lenguaje recomiendan introducir una segunda lengua antes de los 18 meses, o bien después de los 24 meses, porque han detectado que durante ese período de tiempo el niño pasa por un rápido aceleramiento en el crecimiento. Entre los 18 y los 24 meses aprende tantas cosas acerca de sí mismo y de su ambiente que, introducir en ese tiempo una lengua nueva, puede ser sobrecargarle.

Es importante recordar que cualquier niño que esté aprendiendo dos o más idiomas al mismo tiempo puede no desarrollar las destrezas del habla y de la lengua tan rápido como otro niño que esté perfeccionándose en una sola lengua. No obstante, en un momento determinado, debería ser capaz de desarrollar ambos idiomas sin problema alguno.

La lengua debería ser específica de una persona (o de un lugar), lo que significa que o bien sea la misma persona la que de forma regular hable la misma lengua (inglés la madre y español el padre, por ejemplo), o bien que se hable una lengua en casa y el niño hable otra en el colegio. Los dos padres deben hablar con fluidez el idioma para que el niño aprenda a hablarlo como lo haría una persona nativa de esa lengua.

Es importante tener en cuenta que lleva entre uno y dos años llegar a tener fluidez en las Destrezas Básicas de Comunicación Interpersonal (BICS), pero puede llevar entre siete y nueve años el llegar a dominar el Proceso Cognitivo del Lenguaje Académico (CALP). BICS hace referencia al lenguaje social del día a día en el grupo de juego y a la mesa en casa; mientras que CALP es el lenguaje del aula o del aprendizaje académico.

La lengua tiene que estar inmersa en la cultura; no dejes de enseñar al niño la lengua de sus padres y abuelos.

¿DEBO PREOCUPARME?

El desarrollo de las habilidades del lenguaje es, con frecuencia, un ámbito de preocupación para muchos padres de niños pequeños. Recuerda que los niños se desarrollan a su propio tiempo y a su ritmo; pero debes estar atenta a las señales que advierten de una posible dificultad en el desarrollo del lenguaje.

- Tu hijo no emite todos los sonidos apropiados.
- Tu hijo no utiliza frases de dos palabras para empezar, y después frases completas.
- Tu hijo no responde cuando le preguntas algo.
- Tu hijo no hace preguntas.
- Tu hijo emite sonidos extraños o tiene una voz que suena rara.
- Otras personas no entienden la mayor parte de lo que dice.

VOCABULARIO

A menudo, el vocabulario es la primera clave que tenemos los padres de saber que nuestro niño está desarrollando las destrezas del lenguaje de forma adecuada, y que está progresando satisfactoriamente en el proceso de la comunicación y en el desarrollo cognitivo. Las palabras que aprenda y sea capaz de utilizar vendrán determinadas invariablemente por su entorno y la relación que mantiene con él.

Partes del cuerpo

El niño pequeño está centrado en el descubrimiento de sí mismo. Esto incluye el descubrimiento de su cuerpo, lo que su cuerpo puede hacer, sus emociones y el establecimiento de límites. Empieza por la nariz, cabeza, brazos, piernas, barriga, ojos, orejas y boca, y sigue por el cuello, hombros, dedos y dedos de los pies, para finalizar con los codos, pestañas, cejas y tobillos. Como resultado, canciones de movimiento como «Tengo dos manitas», utilizar un bloque de color o una bolsa de alubias que colocar en las diferentes partes que se van nombrando; ritmos tales como «Este dedito compró un huevito»; o puzles de las diferentes partes del cuerpo, pueden facilitar el desarrollo del vocabulario.

Posición y dirección

La habilidad para experimentar (y por tanto para entender) la posición y la dirección, como estar de pie detrás de una silla, tumbado bajo la cama o girar a derecha y a izquierda, lleva al desarrollo cognitivo. Solamente cuando el niño tiene la experiencia concreta de dónde está en relación con su medio, puede ser capaz de pensar a nivel abstracto y aplicar su conocimiento más allá de sí mismo. Ejemplos de juegos apropiados para facilitar todo esto son: completar una carrera de obstáculos, jugar a «Simón dice...» y los dominós.

El vocabulario propio necesita enriquecer constantemente o, de lo contrario, morirá.

EVELYN WAUGH

Secuencias

El niño necesita aprender sobre causa y efecto, por ejemplo: si se te cae un huevo crudo, se rompe. El concepto de causa y efecto nos lleva al pensamiento lógico y lineal, lo que ayuda a estimular la habilidad de razonar, y más tarde la comprensión de las ciencias y las matemáticas. Algunos juegos adecuados para promover la comprensión de la secuenciación, y el lenguaje que va con ella, incluyen juegos con agua y arena, experimentos sencillos de ciencias, el enhebrado, completar patrones, juegos de cartas, cocinar y trabajar con un tablero perforado.

Palabras descriptivas

Se trata de palabras que permiten al niño extender su vocabulario y ser específico cuando describe lo que quiere o lo que ha experimentado. Ejemplos de esto pueden ser: «oso grande», «pelota roja», «gato pequeño, peludo y negro». El desarrollo de palabras descriptivas se puede facilitar con actividades de clasificación y de categorización. Por ejemplo: clasificar bloques por colores y categorizar objetos como juguetes con ruedas, alimentos con sabor dulce, objetos que son rugosos o que son redondos.

Aprender palabras descriptivas puede ser también una oportunidad de oro para ser creativo. Podemos elaborar, por ejemplo, una «bolsa de sensaciones», que ayudará a tu pequeño a aprender palabras descriptivas. Coge un rectángulo de tela, dóblalo por la mitad y cóselo para crear una bolsa. Coloca dentro de la «bolsa de sensaciones» una variedad de objetos para que el niño introduzca su mano y coja un objeto, pero sin sacarlo. El niño tendrá que describir el objeto fiándose solamente de sus habilidades del tacto, de la sensación y utilizando palabras descriptivas apropiadas, todo ello antes de sacar y mirar el objeto.

Palabras matemáticas

Las palabras que se utilizan en matemáticas necesitan ser experimentadas con todos los sentidos para que cobren significado y puedan ser utilizadas por el niño como parte de su lenguaje habitual. Ejemplos de palabras matemáticas son: «más», «menos», «igual», «números», «dividir», «distribuir», «clasificar» y «contar».

Actividades que ayudan a explicar palabras matemáticas pueden ser: cocinar, contar, emparejar, dominós, juegos de dados así como cualquier otra actividad en la que tenga que esperar su turno. Haz preguntas tales como: «¿Quién juega primero?», «¿Quién es el siguiente?», y «¿Quién jugó el último?». Cuando estés cocinando, pregunta: «¿Cuántas galletas necesitamos hacer para que cada uno tenga una?», «¿Cuántas cucharadas de azúcar glasé necesitamos?». Amplía estas actividades a las rutinas diarias como asignar platos y tazas a un número de personas sentadas a la mesa, e indica cuántos chicos o chicas están a la mesa para la cena.

ACTIVIDADES

VERTER

Echar palomitas o pipas de una taza a otra (mejor si son de distintos tamaños) es una excelente actividad de coordinación ojo-mano. Se presta también para hablar de conceptos como «lleno» y «vacío», «más» y «menos», que se captan pronto cuando los has experimentado. Los pequeños aprenden a parar de verter algo después de haberlo derramado varias veces, porque tienen que ver los resultados de echar demasiado, antes de entender el concepto. Es buena idea colocar algo debajo que facilite la limpieza antes de comenzar esta actividad.

ESPONJAS EMPAPADAS

¡El agua es siempre divertida! Llena un cubo con agua y reúne varias esponjas. En una pared exterior dibuja una diana con tiza y pon al niño en traje de baño para que tire las esponjas contra el objetivo. Esto es bueno tanto para la coordinación ojo-mano como para la estimulación táctil. El juego con agua también le permite explorar conceptos tales como: «lleno y vacío», «se hunde o flota», «mojado», «frío» y «caliente».

Forma, color y números

Las palabras relacionadas con la forma, el color y los números son también palabras descriptivas, pero se aprenden primero como objetos y más tarde como palabras que pueden describir otros objetos. Algunas actividades para el buen desarrollo de estos conceptos pueden ser: la bolsa de sensaciones, puzles, bandejas para clasificar, dominós y juegos con dados.

Debes centrarte en los colores rojo, azul y amarillo; después naranja y verde; y posteriormente los demás colores y matices. En cuanto a las formas, introduce el círculo y el cuadrado, después el rectángulo y el triángulo, el óvalo y el diamante; finalmente formas en tres dimensiones como los cubos y los conos. En términos generales un niño debería ser capaz de reconocer (y también contar) cantidades que se correspondan con su edad. Si un niño tiene tres años debería ser capaz de contar tres manzanas, a los cuatro años cuatro manzanas. Cuando llega a los cinco años, debería reconocer al menos cinco objetos sin la necesidad de tocarlos para contarlos.

Tamaño

Los conceptos de tamaño como «grande» y «pequeño», son más fáciles de explicar cuando han sido experimentados de primera mano. Reúne zapatos cogidos de tu zapatero y del niño; indícale que los zapatos de papá son más grandes que los de mamá y los zapatos de mamá son más pequeños que los de papá; los zapatos de Iván son más pequeños que los de mamá y de papá. A continuación los colocas en orden y preguntas: «¿De quién son los zapatos más grandes? – Los de papá. – ¡Correcto! «¿Quién tiene zapatos de bebé? – Muy bien, tú. Miramos los zapatos de papá y de mamá: ¿cuál es más pequeño?». Puedes seguir en esta línea hasta que el niño pierda interés.

Los conceptos de tamaño se pueden tratar utilizando cubos apilables. Los cubos apilables son a menudo vistos como juguetes para bebés, sin embargo son más útiles para niños pequeños e incluso niños más mayorcitos.

Objetos cotidianos

El niño solo puede pensar y expresarse si posee el vocabulario para hacerlo, por lo que es importante que se familiarice con los objetos de uso diario en casa y en su entorno próximo. Para facilitarle esto, acostúmbrate a hablarle de la escuela, de los animales y de la cocina, por ejemplo. Siempre que te sea posible, sal con él y señala objetos y personas con los que debería familiarizarse. Lo mismo se puede hacer simplemente hablando con tu pequeño, cantando, recitando rimas, leyendo libros y jugando a sencillos juegos de mesa.

¿SABÍAS QUE...?

• La lengua rotokas, que se habla en la isla de Bougainville en Papúa Nueva Guinea, tiene el alfabeto más corto del mundo con solamente 12 letras.
• El alfabeto más extenso es el de la lengua khmer o camboyano, que tiene 74 letras. • La lengua inglesa tiene 26 letras, pero tiene 44 sonidos. • La lengua española tiene 27 letras y 38 sonidos.

Percepción

Uno de los aspectos más significativos del desarrollo cognitivo es la percepción, que implica las dos habilidades de la audición (oír) y la visión (ver). El progreso cognitivo del niño puede depender, en gran medida, de su habilidad para oír y ver, y por tanto, comprender el mundo que le rodea.

PERCEPCIÓN AUDITIVA

La percepción auditiva es la habilidad cerebral para establecer contacto con el mundo exterior entendiendo lo que se oye por los oídos. Un niño con una percepción auditiva inadecuada reacciona lentamente a las instrucciones; puede oír pero no dar significado a lo que oye (en otras palabras, no entiende). Para escuchar eficazmente con los dos oídos, los receptores deben estar bien desarrollados. La pinna, o el oído externo, es el aparato receptor de la audición y absorbe las frecuencias de sonidos en el aire. Las células ciliadas en el oído interno transforman estas frecuencias en impulsos sonoros a los que el cerebro da sentido.

Discriminación auditiva

La discriminación auditiva es la habilidad para percibir pequeñas diferencias entre palabras tales como «bar» y «mar», «bota» y «boca» y también entre grupos de palabras. Experimenta con los sonidos que emiten diversos instrumentos musicales. Pide al niño que cierre los ojos, y toca un instrumento. Tiene que identificar el instrumento y además, conceptos como «rápido» o «lento», por ejemplo.

Utiliza palos o baquetas para señalar el ritmo del movimiento. Muéstrale imágenes de tortugas y de pájaros preguntando cuál de ellos se mueve más rápido. Después utiliza las baquetas para marcar un ritmo rápido o lento. Según la edad del niño, podrá correr, botar o saltar al ritmo.

¿CUÁL DE ELLOS NO ENCAJA?

Prueba la escucha de tu pequeño y sus destrezas de identificación pidiéndole que señale el «extraño» en la lista siguiente:

- coche, naranja, manzana, pera
- niño, señora, perro, niña
- león, elefante, pez, tigre

Análisis y síntesis auditivos

El análisis auditivo es la habilidad para separar los sonidos de las palabras. La síntesis auditiva es la habilidad para unir esos sonidos. El análisis auditivo es una destreza del hemisferio cerebral izquierdo, mientras que la síntesis auditiva es una función del hemisferio derecho. Ambos tienen una función importante en la lectura y la escritura. Hay muchas actividades que nos pueden ayudar en el desarrollo de estas destrezas auditivas.

Empieza con preguntas tales como: «¿Qué va bien con estas palabras?»

¿Pan y................? (mermelada, mantequilla)
¿Mamá y............? (papá)
¿Cuchillo y..........? (tenedor)

Puedes también jugar a «Veo, veo...», pero utiliza el sonido de cada letra en lugar de su nombre. Por ejemplo: «Veo, veo, algo que empieza por «p» (pero no «pe») y es algo sobre lo que no debes saltar». Este juego se puede continuar con el siguiente: «Da una palmada cada vez que oigas la letra... «s» (no «ese»): pájaro, mosca, nariz, ojos, árbol, casa».

Secuenciación auditiva

La secuenciación auditiva es la habilidad para recordar y comprender un sonido o las palabras en la misma secuencia en la que son escuchadas. Por ejemplo: «sol» es s-o-l y no l-o-s. Haz la prueba con tu pequeño dándole las instrucciones siguientes y toma nota de su respuesta (y del orden en el que sigue tus indicaciones):

• Por favor, vete al frutero y tráeme una manzana y una naranja.
• Ponte de pie, date la vuelta, salta arriba y abajo y siéntate.
• Camina sobre tus talones. Salta hasta la puerta. Vuelve corriendo.
• Vete a la mesa. Coge una pintura roja y un papel y dibuja un cuadrado.

Memoria auditiva

La memoria auditiva consiste en recordar lo que se ha oído. Esta habilidad permite al niño aprender ritmos y poemas. Este tipo de memoria tiene dos componentes: memoria a corto plazo (recuerdo inmediato) y memoria a largo plazo (recordar cosas oídas hace tiempo). Dale a tu pequeño las siguientes instrucciones para probar su memoria auditiva:

• «Repite después de mí: palmada, palmada, palmada-palmada, palmada».
• «Repite después de mí: En la granja vi perros, vacas, patos y ovejas».
• «Repite después de mí: 2-7-6-5-1».

ACTIVIDADES

EL TELÉFONO ROTO

«El teléfono roto» es un juego sencillo que requiere tres o más niños. Hay que cogerse de las manos formando un gran círculo. Así cogidos de las manos, estirar hasta que los brazos duelan. Seguido, sentarse y soltarse las manos. El niño de más edad tiene que pensar un mensaje, cuando ya lo tiene pensado, se lo susurra al oído al que tiene al lado, este lo susurra al siguiente y así sucesivamente. Si uno no entiende el mensaje puede decir: «¿Telefonista?», y quien se lo susurró debe repetírselo de nuevo. Cada jugador solo puede decir «¿Telefonista?» una vez. Cuando el mensaje llega al último jugador en el círculo, este tiene que decir el mensaje en voz alta. Si el mensaje es correcto, (o sea, si es el mismo mensaje que se emitió originalmente), la persona que pensó el mensaje dice: «Sí»; y el último gana el juego. Si el mensaje es incorrecto, gana la persona que pensó el mensaje original. El propósito de este juego no es ganar, sino ver si el mensaje llega hasta la última persona y es capaz de decir el mismo mensaje enviado por el primer jugador. Lo divertido de este juego es que raramente el último jugador recibe el mismo mensaje que se envió. Es casi inevitable que el mensaje se rompa a lo largo de la línea telefónica y resulte distorsionado.

IR DE ACAMPADA

Este juego comienza con el primer niño diciendo: «Voy de acampada y llevo una linterna». El segundo jugador dice: «Voy de acampada y llevo una linterna y una manzana». El tercer jugador dice lo que han dicho los anteriores y añade un elemento más. La primera persona que olvida un elemento o cambia el orden de la lista, queda fuera. Se sigue así hasta que solo quede un jugador.

OJOS TAPADOS

Tapa los ojos del niño con un pañuelo y haz un recorrido con él por la casa, exponiéndole a todos los sonidos posibles. Luego, os sentáis y le pides que imite el sonido que hace la lavadora, el sonido de una puerta que se abre o se cierra, el canto de un pájaro o el sonido que hace la televisión al apagarse. Es posible que no imite estos sonidos a la perfección, pero debes felicitarle por cada intento que haga.

Prueba también diciéndole una frase para ver si puede repetirla con precisión. Haz lo mismo con números al azar y con una lista corta de la compra. Es buena idea utilizar el tiempo de las compras para mejorar su memoria pidiéndole que te recuerde las cosas que necesitáis comprar o qué tiendas necesitáis visitar.

RIMAS, POEMAS Y CANCIONES

Anima a tu pequeño a que diga o repita rimas, poemas y canciones que incluyen listas, secuencias y contar. Los hay tradicionales de todos los tiempos:

El uno es un soldado haciendo la instrucción, el dos es un patito que está tomando el sol. El tres, una serpiente, no cesa de reptar, el cuatro es una silla que invita a descansar. El cinco es un conejo, que mueve las orejas, el seis es una pera redonda y limonera. El siete es un sereno con gorra y con bastón, el ocho son las gafas que lleva don Ramón. El nueve es un globito atado a un cordel y el diez un tiovivo para pasarlo bien.

La percepción auditiva permite al niño aprender palabras nuevas y las reglas de la lengua.

Cierre auditivo

El cierre auditivo es la habilidad para oír la última parte de las palabras o las frases. Un ejemplo sería la habilidad para discriminar entre palabras como «son» y «sol». Si quieres probar el cierre auditivo de tu hijo, pídele que complete las frases siguientes:

• «Yo tengo nariz, pero un elefante tiene............» (trompa)
• «Yo tengo boca pero un pájaro tiene...............» (pico)
• «Yo tengo pierna, pero un caballo tiene...........» (pata)
• «Un caballo tiene casco, pero un águila tiene.....» (garra)

También puedes probar el cierre auditivo jugando a rimar palabras. Por ejemplo, pregunta: «¿Qué rima con "gata"?» El niño busca palabras que riman, como «rata», «pata», «lata». Puedes llevar la actividad un paso más allá y buscar oportunidades para que el niño termine tus frases en un juego de adivinar la respuesta a tus preguntas: «¿Adivinas quién viene a visitarnos hoy? La a...« «¡La respuesta es "la abuelita"!».

Discriminación auditiva de figura-fondo

Es la habilidad para oír y reconocer la voz de la profesora por encima de la del resto de los niños. Se trata de escuchar lo que es relevante e ignorar lo demás, los ruidos que distraen. Puedes probar la discriminación auditiva de figura-fondo haciendo lo siguiente:

• Pon un CD y empieza a jugar a «Simón dice…». Observa si el niño se distrae con el sonido de fondo del CD que suena.
• Dedica tiempo a escuchar buena música, con buena calidad de sonido, y anima al niño a que distinga diferentes instrumentos, de uno en uno.
• Vete con él a un lugar ruidoso como puede ser una granja o un zoo y escucha diferentes ruidos, a ver cuántos ruidos de animales puede identificar tu hijo. Existen CDs con grabación de sonidos de animales y otros diversos.
• Sentaos en un parque o en la calle y, con los ojos cerrados, pregunta al niño «¿Qué oyes?».

PERCEPCIÓN VISUAL

La percepción visual es la habilidad del cerebro para establecer contacto con el mundo exterior a través de los ojos, y para interpretar los estímulos. Una percepción visual adecuada permite al niño leer, escribir y contar. Un niño con una percepción visual poco desarrollada, por el contrario, percibe el mundo de forma distorsionada. Recuerda que los ojos miran pero es el cerebro el que ve. Los ojos miran y las imágenes invertidas se desplazan vía el nervio óptico hasta el lóbulo occipital en la parte posterior del cerebro. Tan pronto como las imágenes llegan al lóbulo occipital, la memoria se activa. Lo que se está viendo se asocia con lo ya visto, oído, sentido, degustado u olido anteriormente y es así como se le asigna un significado.

Discriminación visual

La discriminación visual se divide en dos categorías: análisis visual (hemisferio cerebral izquierdo) y síntesis visual (hemisferio derecho). El análisis visual es la habilidad para ver la diferencia entre objetos, dibujos, formas, colores, palabras, letras y números que son similares en apariencia: b/d; p/q; 2/5. La síntesis visual es la habilidad para unir las partes ■▲ en un todo ⬕ y para reconocer semejanzas y patrones; ejemplo: ●■●▼▼.

La discriminación visual puede probarse de las siguientes formas:
- Mientras conduces, nombra cosas que ves y pide al niño que señale dónde están. Por ejemplo puedes preguntar: «¿Dónde está el árbol?» o «¿Dónde están los columpios?».
- Si estás esperando en un lugar donde el niño se puede mover libremente, pídele que vaya donde está el objeto que tú nombres: «Muéstrame la planta que hay junto a la ventana».
- Los puzles son excelentes pruebas de percepción visual. Mira el cuadro completo, después separa las piezas de una en una comentando cada pieza antes de ensamblarla de nuevo reconstruyendo el puzle. Procura construir un personaje completo cada vez.
- Utiliza un tablero perforado, clavijas y fichas de cartón. Se pide al niño que copie en el tablero lo que tú dibujas en la ficha.
- Los bloques lógicos o de formas son algo similar al tablero perforado, excepto que el niño los utiliza para construir sobre un dibujo y no para copiar un dibujo.
- Las actividades de construcción –con Lego, castillos de arena, bloques y Mecano– requieren análisis y síntesis visual.
- Si tu hijo tiene dificultades con los colores, crea una «Semana del color». Cada día es para un color: Día Amarillo, por ejemplo, ese día reúnes todos los aros de plástico amarillos, tazas amarillas y bloques amarillos para la hora del baño. Ese día solo se admiten juguetes de color amarillo en la bañera. Ese día procura ponerte tú y poner al niño una camiseta amarilla, haz alguna comida amarilla (por ejemplo arroz); y come fruta amarilla como plátanos. Esto ayuda a aumentar la confianza y es muy satisfactorio ver cómo refuerza los colores en los pequeños.

- Haz algún trabajo manual y manualidades. Lee las instrucciones para tu hijo o con él. Después, juntos, reunid los elementos necesarios y cread la pieza.
- Reúne variedad de tuercas y tornillos que se correspondan. Sepáralos y mézclalos. Pide al niño que los empareje y los enrosque. Esto, además de la percepción visual, refuerza el control de motricidad fina y la coordinación ojo-mano.
- Reúne variedad de prendas de vestir del armario tanto de papá como de mamá y coloca cuatro prendas en fila. Pregunta: «¿Qué prenda de ropa no encaja aquí y por qué?». Puede darse más de una respuesta acertada, ya que puede haber un abrigo de invierno y el resto ser prendas de verano; los pantalones, porque las otras se ponen en la cabeza; el sombrero de paja porque lo demás son prendas de chico…. Siempre que la razón dada sea correcta, la respuesta lo será también. Celebra todas las respuestas correctas.
- Coloca algunas piezas de fruta, verduras o cualquier alimento en una fila. Utiliza un reloj de arena y deja que el niño mire las frutas y el orden de su colocación; habla con él de la que más le gusta y la que menos hasta que se termina la arena. Debe cerrar los ojos y mientras tanto tú quitas un elemento. Cuando abra los ojos debe decirte qué elemento falta.

DISCRIMINACIÓN FIGURA-FONDO

Es la habilidad para aislar una figura u objeto, tanto en el fondo como en primer plano de una composición visual, enfocando un solo objeto a la vez. La mayoría de las actividades de coloreado, construcción de patrones, lectura, escritura, matemáticas y ortografía, implican discriminación figura-fondo. Puedes probar el desarrollo de tu hijo en esta habilidad dándole instrucciones específicas para llevar a cabo, tales como: «Saca los bloques de construcción y dame solo los cuadrados verdes», o bien, «Mira en tu estantería de libros y tráeme el libro de *Ricitos de Oro y los tres osos*».

Puedes colocar unos pocos juguetes sobre una tela con un colorido estampado y pedir al niño que coja el sombrero de la muñeca, por ejemplo; o bien, si estáis en el supermercado, pídele que busque la caja amarilla de té o la pieza de queso más pequeña.

Otra actividad divertida consiste en hacer tu propio «libro de coches». Busca en revistas viejas fotos de coches u otros vehículos. Recorta las fotos y pégalas en trozos de cartulina. Protege las páginas cubriéndolas con adhesivo transparente. Haz dos o tres perforaciones en el margen izquierdo de cada hoja, después enhebra un cordón por los agujeros para unir el libro. Puedes también unir las hojas con anillas o graparlas. Dale al niño su libro de coches para que lo mire mientras conduces. Pregúntale cosas mientras mira las páginas. Por ejemplo: «¿Puedes encontrar un coche azul?» o «¿Puedes encontrar un camión?», etc.

Memoria visual

La memoria visual es la habilidad para recordar imágenes visuales. Se trata de un aspecto importante de la lectura, ya que permite al niño reconocer palabras en cuanto las ve.

ACTIVIDADES

COGER PALILLOS

Sujeta en tu mano todos los palillos y luego suéltalos de modo que queden formando un montón revuelto; cuanto más revuelto el montón, más reto plantea el juego. Tu hijo debe intentar coger un palillo sin que se mueva ninguno de los otros. Puede utilizar los dedos o uno de los palillos para coger el que haya elegido. En cualquiera de los casos, no debe mover otro palillo, si lo hace terminará su turno. Si coge un palillo sin mover ninguno de los otros, tendrá un nuevo turno. Ha de seguir así hasta que mueva otro palillo. El juego termina cuando se coge el último palillo y gana quien ha cogido más.

COLOR DEL DÍA

Por la mañana se elige el «Color del Día», de modo que mientras vais en el coche, estáis comprando en las tiendas o esperando en la consulta del pediatra, puedas ayudar a tu pequeño a señalar todas las cosas que vea y que sean del color del día. Naturalmente, tiene que recordar y nombrar el color antes de buscar las cosas que coincidan con el mismo.

REPETIR SECUENCIAS

Reúne veinte bloques de construcción, dos de cada color. Pide al niño que los reparta de forma que ambos tengáis al menos uno de cada color. Elabora una secuencia con cinco bloques y pide al niño que copie con los suyos el patrón que has creado. Secuenciar es una destreza muy valiosa para la prelectura y la preescritura.

TAZAS QUE SE MUEVEN

Este juego prueba la permanencia del objeto; dicho de otra forma, la habilidad de tu hijo para mantener cosas en la memoria. También puede jugarse con niños mayores. Escoge tres tazas de color azul de tamaños diferentes. Inviértelas. Oculta un dulce u otra sorpresa debajo de una taza, dejando que el niño vea dónde lo escondes. Mueve las tazas manteniendo la sorpresa bajo la misma taza. Se trata de que el niño recuerde el tamaño de la taza bajo la cual está la sorpresa.

Para un niño algo mayor, utiliza tazas distintas. El niño cierra los ojos y tú escondes la sorpresa bajo una taza. Explícale con palabras dónde escondiste la sorpresa: «Está bajo la taza amarilla más pequeña» o «Está bajo la taza verde de tamaño mediano».

PONERLE EL RABO AL BURRO

Es un juego para niños pequeños y se juega a menudo en fiestas de cumpleaños. Hay un póster de un burro que no tiene rabo. Cada niño recibe un rabo con un número y, por turnos, tienen que ponerle el rabo al burro. Se vendan los ojos al primer niño (los niños se divierten intentando comprobar si ve a través de la venda o no) y se le hace girar para desorientarle un poco. Debe buscar el póster y poner el rabo en el lugar adecuado. ¡Todos se ríen! Es muy divertido ver al burro con un rabo en la nariz, en las costillas o en la oreja. Algunos rabos no están siquiera en el burro. Gana el rabo colocado más cerca del lugar correcto.

EL ESCONDITE

Puede jugar cualquier número de niños. Un niño se tapa los ojos y cuenta hasta diez mientras los demás se esconden. Cuando se han escondido todos o el que se la queda ha terminado de contar, grita: «¡Preparados o no, allá voy!», e intenta encontrar a los otros. Si un niño llega a «casa» (lugar donde se cuenta) sin que le coja, se salva. El último en ser encontrado o el primero que es atrapado en su intento por llegar a «casa», se la queda para el juego siguiente.

MEMORIA DE FOTOS FAMILIARES

Este juego de memoria visual requiere que el niño recuerde el lugar donde están diferentes fotos para hacer parejas. Puedes crear tu propia versión del juego con fotos familiares. Ten presente que debe haber dos fotos de la misma persona, aunque no sean idénticas (puedes plastificarlas para que duren más). Se comienza el juego colocando al azar las fotos boca abajo. El niño da la vuelta a dos fotos a la vez. Si logra una pareja, tiene otro turno, si no, vuelve a colocarlas boca abajo en su sitio. El propósito es recordar dónde están las fotos para, en el turno siguiente, hacer una pareja. Existen variaciones de este juego en las tiendas de juguetes, pero puedes hacer tus propias variaciones con fotos de amigos, con lugares que habéis visitado juntos, con cuadros famosos, con flores de tu jardín o con tipos de coches.

Constancia de la forma

Se trata de la habilidad para observar la forma y el tamaño. Es importante que el niño sea capaz de reconocer un cuadrado, por ejemplo, independientemente del color, el tamaño o el ángulo desde el que se mira. Esta habilidad es vital para la lectura porque permite al niño recordar la forma de las letras, las palabras y los números. Para facilitar el desarrollo de la constancia de la forma:

- Mirad álbumes de fotos e identificad a familiares y amigos.
- Reúne una variedad de objetos, luego empaña el cristal de una ventana y muestra al niño los objetos a través del cristal empañado. Pídele que identifique cada objeto.
- Utilizando figuras de plástico, busca un lugar en el jardín o en el campo con hierba algo alta o con follaje como helechos. El niño se tumba boca abajo y tú mueves los animales de plástico por la hierba. ¿Es capaz de reconocer qué animal se está moviendo entre la hierba?
- Recorta unas cuantas formas de tamaños y colores diferentes. Mézclalas todas y pide al niño que coja todos los triángulos y los coloque bajo la silla, después todos los cuadrados y los ponga sobre la mesa, por ejemplo.
- Dibuja en el suelo con tizas de colores formas variadas. Tu hijo debe correr y saltar dentro de las formas que le digas. Este juego puede ser para dos o más niños a la vez. Puedes llevar el juego más allá pidiendo al niño que tire una bolsa rellena dentro del círculo rojo, correr a por ella y lanzarla dentro del triángulo verde pequeño…
- Recorta toda clase de perros (o de gatos) y pégalos sobre fondos de diferentes colores. A continuación «lee» el «libro» con tu hijo pidiéndole que señale el perro en cada página. Más adelante puedes añadir otras figuras como pájaros, juguetes, frutas, etc. y seguir pidiendo al niño que encuentre el perro en cada página.
- Cuando el niño crece y empieza a reconocer letras y números, en cualquier lugar donde estéis, dirige su atención hacia diferentes letras y números sin enseñarle a leer formalmente (enseñar a leer es la especialidad de los maestros de 1º de Primaria).

Secuenciación visual

La secuenciación visual es la habilidad para recordar la secuencia de los objetos. Con las actividades que siguen puedes ayudar a tu hijo a desarrollar esta habilidad:

- Habla con tu niño mientras se está vistiendo y muéstrale que debe ponerse los calcetines antes de ponerse los zapatos.
- Pregunta al niño sobre sus rutinas diarias: «¿Te lavas los dientes antes o después de irte a la cama?».
- Pregúntale qué ha hecho hoy.
- Coge cuatro zapatos y cuatro pelotas (por ejemplo) y pide al niño que los coloque en una secuencia: zapato, pelota, zapato, pelota… Utiliza un reloj de arena para añadirle algo así como un reto.
- Reúne seis piedras, seis hojas de árbol iguales y seis ramitas. Coloca en secuencia: una piedra, una hoja, una ramita, dos piedras, dos hojas, dos ramitas, una piedra, una hoja una ramita, dos piedras, dos hojas, dos ramitas. A continuación pide al niño que cree su propia secuencia como has hecho tú.

ACTIVIDADES

SECUENCIA DE COCINA

Coloca en fila varios utensilios de cocina: tenedor, cuchara, taza, olla, tapa. Enumera la fila de izquierda a derecha y mezcla todos los utensilios. Pide al niño que coloque él los utensilios en el mismo orden de nuevo. Vuelve a mezclarlos de nuevo y repite la actividad. El número de elementos debe corresponderse con la edad de tu hijo. Si tiene tres años, por ejemplo, puede que no debamos esperar que recuerde el orden de más de tres elementos.

PRACTICAR «TIRO AL BLANCO» CON LINTERNA

Necesitas tener dos linternas. Apaga las luces y apunta tu linterna a un objeto y apaga la linterna. Después, apunta con la linterna a otro objeto y apágala. Ahora pide al niño que dispare la luz de su linterna a «los mismos puntos». El número de puntos idealmente debe corresponderse con la edad del niño; así, si tiene tres años de edad, por ejemplo, debería lograr tres aciertos en el mismo orden que has seguido tú.

VALOR DE LAS MONEDAS

Coloca en fila varias monedas de diferente valor. Comenta con tu hijo el valor de cada una. Después pide al niño que repita la misma secuencia tantas veces como el número de monedas que forman el patrón. Procura que diga el valor de cada moneda según las va colocando.

FOTOS FAMILIARES

Pide al niño que mire fotos de amigos o de familiares y que las coloque en secuencia: del mayor al más joven o del varón más joven al varón mayor (por ejemplo). Es una buena idea ya que proporciona la oportunidad perfecta de enseñar al niño a colocar siempre de izquierda a derecha como preparación para la lectura en su día.

RECETA PARA EL DESAYUNO

Dibuja o recorta fotos de una revista para cada uno de los pasos siguientes de una receta:
- Necesitas un cuenco, cuchara, cuchillo, cereales, leche y un plátano.
- Coge el cuenco y la cuchara.
- Mide la cantidad de cereales y ponlos en el cuenco.
- Mide la cantidad de leche y échala encima de los cereales.
- Utiliza un cuchillo para cortar el plátano en rodajas.
- Mezcla todos los ingredientes y ¡disfrútalos!

Cuando hayas hecho esto y explicado a tu hijo lo que indica cada dibujo, mezcla todas las imágenes. Pide al niño que ponga en orden los gráficos y después que siga los pasos para preparar sus cereales.

El cierre visual

El cierre visual es la habilidad para reconocer el final de una secuencia o una figura completa.

ACTIVIDADES

EL CIERRE EN LA COCINA

Reúne pares de elementos de cocina que vayan juntos, tales como un cuchillo y un tenedor, un plato y una taza, una olla y su tapa, un tarro de azúcar y su cuchara. Ponlos todos mezclados y pide a tu niño que los empareje.

Si la concentración se combina con la constancia, el éxito está garantizado.

TESSA LIVINGSTON

MIRILLA PARA IMÁGENES

Haz un pequeño agujero en una hoja A4 doblando el papel por la mitad, después doblándolo de nuevo y cortando la esquina plegada. Tendrás un agujero en medio del papel cuando lo despliegues. En un libro favorito del niño o en una revista, coloca el papel encima de una página de modo que se vea, a través de la mirilla, solo una porción de la imagen en esa página. Pregunta al niño qué le parece que es la imagen.

IMÁGENES INCOMPLETAS

Crea imágenes incompletas y habla con tu hijo sobre lo que falta. Podrían ser las ruedas de un coche, el tronco de un árbol o la pata de una silla, por ejemplo. Es fácil prepararlo con cuadernos para colorear y líquido corrector con el que tapar una parte del dibujo para después fotocopiar. Es conveniente conservar estos dibujos para utilizarlos una y otra vez. Recuerda que «lo igual tranquiliza», y a los niños les gusta repetir el mismo juego unos días después porque es más fácil que logren todas las respuestas correctas; lo que cimienta su confianza.

JUGUETES INCOMPLETOS

Imagina con tu hijo que el fabricante de juguetes no los ha terminado. Coge unos cuantos de sus juguetes preferidos y, de uno en uno, tapa la mitad del juguete sin que el niño haya visto el juguete que has cogido. Pídele que te diga qué juguete es y qué partes le faltan. Tapa diferentes partes de los juguetes; por ejemplo, si es un oso de peluche, tapa el cuerpo y en otro momento la cabeza. Este juego también desarrolla la constancia de la forma.

CONSTRUIR PUZLES

Los puzles son herramientas extraordinarias para el desarrollo cognitivo. Los beneficios de construir puzles incluyen: discriminación visual, razonamiento, control motriz fino, concentración, clasificar, emparejar, acabar tareas, vocabulario, habla y lenguaje.

INDICACIONES SOBRE CÓMO ENSEÑAR A CONSTRUIR PUZLES:

Los puzles tratan sobre ordenar, ordenar y más ordenar.

- Sacar todas las piezas y ponerlas todas con la cara hacia arriba.
- Separar las piezas en dos grupos: las que tienen algún lado recto y las que no tienen ningún lado recto.
- Poner los dos grupos a la izquierda del cuerpo.
- Buscar primero las cuatro piezas de las esquinas.
- Mirar el diseño en la caja y colocar las cuatro esquinas en su lugar correcto.
- Construir el marco exterior utilizando las piezas que tienen un lado recto.
- Mirar con atención cada pieza del puzle para ver si el color y el dibujo encajan, pero sin forzar las piezas en un lugar. Si una pieza no encaja es porque no es el sitio correcto.
- Ir rellenando el resto del puzle fijándose en el color, el dibujo y la forma.
- El niño no debe dejarlo hasta que el puzle esté completo.
- Una vez completado el puzle, asegurarse de que el niño lo coloca en su sitio para que no se pierdan piezas.
- ¡Celebrarlo!

Conceptos abstractos

El desarrollo cognitivo se define por la habilidad del niño para descubrir y responder por sí mismo, y esto se basa, en gran medida, en su capacidad para razonar de forma abstracta sin la ayuda de elementos concretos o semiconcretos. Una vez que ha logrado este nivel de capacidad, tendrá comprensión de las formas, colores, cantidades, números y orientación espacial, que en gran medida aumentarán su competencia en destrezas matemáticas y con los números.

Utilizar varios sentidos al mismo tiempo para enseñar algo nuevo, se denomina enfoque multisensorial.

EXPERIMENTANDO ABSTRACCIONES

Los niños necesitan dominar cierta cantidad de conceptos abstractos en la educación infantil. Un concepto abstracto es una cualidad o descripción de un objeto tangible, pero no es el objeto en sí mismo. Estos conceptos incluyen color, forma, número, posición en el espacio, causa y efecto, tiempo, cantidad y calidad.

El proceso de aprendizaje debe empezar siempre por el objeto real antes de hacerlo con imágenes o con tecnología. Los objetos reales pueden ser vistos, tocados, girados, agitados para ver si emiten sonidos, olidos y, en algunos casos incluso degustados. Lo más real para un niño es su propio cuerpo. En la medida de lo posible, utiliza el cuerpo para enseñar conceptos abstractos tales como números, formas, colores, tamaño y cualidades. Si se utilizan varios sentidos a la vez se facilita el aprendizaje.

Color

- Juntar objetos del mismo color y matiz.
- Nombra el color y pide al niño que lo haga también.
- Clasificar objetos poniendo juntos los que son idénticos.

Forma

- Juntar las formas que son iguales independientemente del color o tamaño.
- Nombra la forma y pide al niño que lo haga también.
- Clasifica poniendo juntas las formas idénticas.
- Relaciona la forma con cosas cotidianas pidiendo al niño, por ejemplo, que encuentre una flor que parezca un círculo.

Tamaño

- Juntar objetos del mismo tamaño.
- Nombra tamaños relativos (mayor, más pequeño) y pide al niño que haga lo mismo.
- Compara formas diferentes que sean del mismo tamaño.

Posición

- Pregunta: «¿Dónde estás?» (Prevé respuestas tales como «delante de ti» o «detrás de ti»).
- Pregunta: «¿Por dónde está volando el pájaro?» (Prevé respuestas del tipo: «Por debajo del puente» o «Por encima del agua»).
- Da instrucciones verbales tales como: «Ponte detrás de mí» y «Siéntate frente a la ventana».

Tiempo

- Introduce el concepto de tiempo dando instrucciones que utilicen palabras que indican tiempo, por ejemplo: «Primero coge la galleta y después pon glaseado encima».
- Relaciona actividades o juegos con un momento del día: «Cuando venga papá jugaréis a la pelota».
- Utiliza palabras que indiquen tiempo, como «hoy», «mañana» y «ayer».

Causa y efecto

Utiliza vocabulario que indique causa y efecto:

- Di: «Cuando llueve, te mojas».
- Di: «Si recoges tu habitación, podremos jugar en el parque».
- Introduce escenarios que son claramente absurdos para comprobar que tu hijo establece un lazo de unión entre causa y efecto. Pregunta, por ejemplo, «¿por qué la carretera no está hecha de cristal?».

Cantidad

Utiliza palabras que indiquen cantidad tales como: «más», «menos», «todos», «ninguno», y comprueba si tu hijo es capaz de utilizarlas en un contexto que indique comprensión del concepto.

Cualidad

Utiliza una bolsa de sensaciones y otras actividades divertidas que ofrecen oportunidades para experimentar cualidades tales como: «rugoso», «liso», «duro», «blando», «puntiagudo» y «romo».

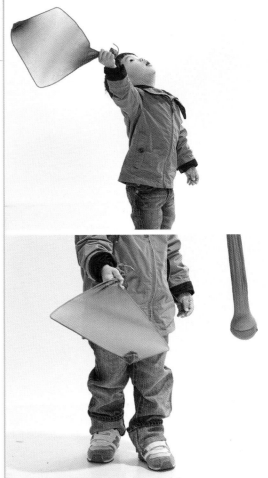

Crecer recreándose con experiencias multisensoriales minimiza las dificultades con el procesamiento auditivo o con la integración sensorial más adelante.

Procesamiento auditivo: determinar qué sonidos son importantes y qué sonidos deben ignorarse; recordar lo que se ha oído y organizar los sonidos o las palabras de nuevo en el mismo orden.

Integración sensorial: información combinada procedente de la piel, boca, nariz, oídos, ojos y sentidos internos.

EXPERIENCIAS CON NÚMEROS

La capacidad para el cálculo y las matemáticas son destrezas que el niño necesitará a lo largo de la vida. Las matemáticas son una de las materias más temidas, pero obligatoria en los currículos. Igual que con la ortografía y la lectura, uno de los problemas fundamentales con las matemáticas es la falta de experiencias concretas sobre las que construir una base sólida para muchos conceptos abstractos.

ACTIVIDADES

¿QUIÉN ROBÓ LA GALLETA DEL TARRO DE LAS GALLETAS?

Todos se sientan en círculo. Antes de comenzar el juego, todos reciben un número, aunque no en orden. Los jugadores dejan su número en el suelo frente a ellos. El líder comienza un patrón rítmico como puede ser: palmas, palmada al muslo, palmas, palmada al muslo (a un ritmo lento al principio). El líder dice: «¿Quién robó la galleta del tarro de las galletas?». Y vuelven de nuevo al ritmo de palmas y palmada al muslo. En este momento empieza el juego con el líder diciendo: «El número 1 robó la galleta del tarro de las galletas». El jugador que tiene el número 1 dice: «¿Quién, yo?». Y todos los demás dicen: «Sí, tú». El número 1 dice: «¡No puede ser!». Y los demás dicen: «Pues ¿quién?». Número 1 dice: «El número 2 robó la galleta del tarro de las galletas». El número 2 dice: «¿Quién, yo?». Y el juego sigue así. La finalidad del juego es mantener el ritmo y hablar sin tener que parar.

JUGAR AL TEJO (LA RAYUELA)

El tejo se juega de diferentes formas. Puede haber cualquier número de jugadores y solo se necesita una piedra plana para el juego. Con tiza se dibujan en el suelo varios cuadrados unidos. El primer jugador lanza la piedra dentro del cuadrado 1 y entonces salta al cuadrado 2 con un solo pie y sigue hasta el cuadrado 8 que es el final. Cuando hay dos cuadrados juntos, debe caer con un pie en cada uno, pero si solo hay un cuadrado, debe caer con un solo pie. Cuando llega al cuadrado 7 y 8 tiene que darse la vuelta y retornar hasta el número 1 donde recoge la piedra para continuar al nivel siguiente que consiste en tirar la piedra en el cuadrado 2 en el primer intento. En el siguiente nivel tira la piedra al cuadrado 3. Se sigue así hasta llegar al nivel 8. El primer jugador que hace todos los niveles sin fallos, es el ganador. El punto importante del juego es saltarse el cuadrado en el que está la piedra.

EL TEJO: REGLAS ESPECIALES

Este juego del tejo o la rayuela tiene algunas reglas. Si alguno de los fallos siguientes se produce, el jugador tiene que parar y otro jugador toma el turno.
- No se puede pisar ninguna línea de ningún cuadrado.
- El jugador no puede saltar sobre los dos pies en los cuadrados 1, 2, 3 y 6.
- El jugador no se puede caer en ningún momento.

TOCADO Y CONGELADO

Ver este juego en la página 47.

El placer que nos produce la música proviene de contar, pero contar inconscientemente. La música no es sino aritmética inconsciente.

GOTTFRIED LEIBNIZ

Todos los niños son aptos para las matemáticas siempre y cuando hayan desarrollado suficientemente las destrezas prematemáticas.

Matemáticas corporales

Los niños nacen potencialmente capaces de saber matemáticas. A lo largo de sus vidas tendrán que ser capaces de contar dinero, seguir una receta cuando cocinen o estimar sobre poco más o menos cuántos litros de gasolina necesitarán para llegar adonde quieran ir. Todo lo que necesitan para hacer estos cálculos son experiencias concretas con las matemáticas —muchas experiencias concretas con números, con formas, con colores y otros conceptos abstractos—; y también necesitarán la confianza para saber: «¡Yo puedo hacerlo!».

Contar

Contar significa determinar cuántos elementos hay de algo concreto. Para que el niño aprenda a contar y desarrolle el concepto de número hay varios pasos que debe seguir:

- Tiene que ser capaz de decir las palabras «uno», «dos» y «tres» como un ritmo, pero sin necesidad de contar nada en concreto.
- Debe ser capaz de contar tocando cada objeto a la vez que dice el número.
- Debe ser capaz de contar y emparejar; en otras palabras, contar el número de personas y el correspondiente número de tazas.
- Debe reconocer patrones numéricos: tres bloques, tres manzanas y tres coches (por ejemplo) y más adelante, tres puntos en un dado.
- Debe reconocer los números hasta el seis.
- Debe ser capaz de asignar el número a un patrón numérico, por ejemplo: tres bloques y el número 3.

¿SABÍAS QUE...?

• El corazón late unas 70 veces por minuto cuando estás relajado. • El corazón late hasta 200 veces por minuto cuando haces ejercicio. • Es más cansado estar enfadado que estar feliz. Se utilizan 43 músculos para fruncir el ceño y 17 músculos para sonreír. • Los niños tienen 20 dientes de leche, que pierden para dejar sitio a los 32 dientes del adulto. • Unas 50.000 de tus células mueren y son reemplazadas mientras lees esta frase. • Cada persona pierde una media de 80 pelos cada día. • Si pudieses pegar por los extremos todas las pestañas que pierdes a lo largo de la vida, su longitud sería de más de 30 metros. • Los mensajes dentro de tu cuerpo viajan a una velocidad de 274 km por hora a lo largo del cableado nervioso. • Mamá parpadea el doble que papá.

DESARROLLAR EL RECONOCIMIENTO DE LOS NÚMEROS

RAZONAMIENTO CONCRETO

Hay algunos ejercicios que pueden desarrollar el razonamiento concreto de tu hijo, pero debes asegurarte de que concuerda el número con la edad de tu niño durante un año entero. Que vaya más rápido no significa que sea mejor.

- Enseña a tu niño a contar del «uno» al «diez» como un ritmo, sin contar objetos de ninguna clase.
- Enseña al niño a emparejar objetos concretos, como por ejemplo: «Uno para mí y otro para ti».
- Pide al niño que toque y cuente objetos concretos como pueden ser bloques o piedras
- Pide al niño que te dé el mismo número de bloques que los que tú ya tienes: «Tengo cuatro bloques, dame otros cuatro bloques».
- Pon tres piedras en tu mano y pregunta al niño cuántas hay.
- Coloca el mismo número de piedras, de bloques y de tapones de plástico organizados de formas diferentes y pregunta al niño cuántos hay.

RAZONAMIENTO SEMICONCRETO

«Semiconcreto» significa utilizar papel o tecnología en vez de los objetos reales. Una vez que el niño reconoce el número de objetos reales, pueden introducirse configuraciones específicas como son los puntos en un dado. Cuando tu hijo pueda reconocer cualquier patrón hasta seis puntos, introduce los números del 1 al 6. Para desarrollar el razonamiento concreto más allá, utiliza actividades semejantes a las indicadas más arriba para el razonamiento concreto, pero adaptándolas a los dados o al papel y lápiz.

RAZONAMIENTO ABSTRACTO

Los que siguen son ejercicios que ayudarán a tu hijo a desarrollar el razonamiento abstracto:

- Pide al niño que te dé de 6 a 10 piedras y que vaya diciendo el número a medida que te las va dando.
- Coloca sobre la mesa cualquier cantidad de piedras entre 6 y 10, en configuraciones diferentes, y pregúntale cuántas hay.
- Muestra al niño que cualquier número entre seis y diez es una combinación de la misma configuración que hay en un dado, por ejemplo: $8 = 5 + 3$
- Poco antes de que el niño comience la escolaridad primaria, debe ser capaz de reconocer y operar con números sin la ayuda de objetos o dibujos; por ejemplo: «Si tengo tres palitos y cojo otros dos palitos, ¿cuántos palitos tendré en total?».

¿SABÍAS QUE...?

• Necesitamos tres horas para digerir los alimentos. • Los piojos han estado por ahí desde hace cientos de años. • Mamá y papá respiran unas 23.040 veces en 24 horas.

ACTIVIDADES

TOCA-CUENTA-NOMBRA

En las actividades de tocar-contar-nombrar, pide al niño que especifique los números tocando, contando y nombrando los objetos.

• Toca, cuenta y nombra todas las partes del cuerpo que son únicas: «una cabeza», «una nariz», «una boca», «un cuello», «un corazón», «una tripa» y «una columna vertebral», por ejemplo.

• Toca, cuenta y nombra todas las partes del cuerpo que son dobles: «uno, dos ojos», «una, dos orejas», «uno, dos hombros», «uno, dos brazos» y «una, dos manos», por ejemplo. Un niño algo mayor puede contar también: «una, dos cejas», «uno, dos codos», «una, dos muñecas», «una, dos rodillas», «uno, dos tobillos», y tocarse los dos a la vez. Más adelante ponle retos como que toque su rodilla izquierda con su mano izquierda mientras solo apunta a su rodilla derecha con su mano derecha, por ejemplo.

• Toca, cuenta y nombra todas las partes del cuerpo de las que hay cinco: «uno, dos, tres, cuatro, cinco dedos en mi mano izquierda», «uno, dos, tres, cuatro, cinco dedos en mi mano derecha», «uno, dos, tres, cuatro, cinco dedos en mi pie izquierdo», «uno, dos, tres, cuatro, cinco dedos en mi pie derecho».

EXPERIMENTANDO EL TIEMPO

Introduce el concepto de tiempo elaborando un calendario específico para tu hijo. El calendario debe estar complementado con un lápiz atado a un cordón.

• Pide a tu hijo que haga dibujos de eventos que están por venir, que pegue fotos de personas a las que vais a visitar y que recorte de folletos de propaganda cosas que tenéis que comprar, etc. Se trata de una estupenda actividad de planificación y potencia el desarrollo cognitivo.

• Pide al niño que cuente cuántas noches va a dormir hasta el fin de semana, hasta su cumpleaños, hasta el día que viene la abuelita, etc.

• Al final de cada día traza una X de esquina a esquina en el cuadrado del día.

• Comienza cada mañana frente a «mi calendario». Déjale que encuentre la fecha del día (es muy fácil, es la siguiente después de la X de ayer) y dile: «Hoy es …», y nombra el día de la semana.

• Señala el día que plantasteis unas semillas y cuenta los días que pasaron antes de que vieseis la planta empezar a salir.

• Crea un símbolo sencillo para cada una de las cuatro estaciones, por ejemplo: flores de papel para la primavera (marzo, abril, mayo); un brillante sol de color naranja para el verano (junio, julio, agosto); hojas de árbol rojizas para el otoño (septiembre, octubre, noviembre); y una cara con un cálido gorro de lana para el invierno (diciembre, enero, febrero). Pide al niño que coloque los símbolos en el calendario.

• Un reloj de arena es una formidable manera de experimentar el tiempo. Muestra al niño una imagen de uno de sus cuentos preferidos. Mira con él esa imagen atentamente hasta que la arena termine de caer y cierra el libro. Ahora dile: «Vamos a contar cuántas cosas puedes recordar».

UNA ANTIGUA ORACIÓN IRLANDESA

Date tiempo para trabajar – es el precio del éxito.
Date tiempo para jugar – es el secreto de la eterna juventud.
Date tiempo para leer – es la base de la sabiduría.
Date tiempo para la amistad – es el camino a la felicidad.
Date tiempo para soñar – es el enganche de tu carruaje a las estrellas.
Date tiempo para amar y ser amado – es el privilegio de los dioses.
Date tiempo para mirar a tu alrededor – el día es muy corto para ser egoísta.
Date tiempo para reír – es la música del alma.

¿SABÍAS QUE...?

- En un adulto, por término medio,
- – la piel pesa 4,1 kg
- – el hígado pesa 1,56 kg
- – el cerebro del varón pesa 1,4 kg
- – el cerebro de la mujer pesa 1,26 kg
- – los dos pulmones juntos pesan 1,09 kg
- – el corazón del varón pesa 0,31 kg
- – el corazón de la mujer pesa 0,26 kg
- Los huesos pesan el 25 % del peso total del cuerpo.

EXPERIMENTANDO CONCEPTOS CORPORALES

Para comprender abstracciones, los niños se benefician especialmente de experimentar conceptos que, de otra forma, tienen escaso impacto en la vida de cada día.

Tomando conciencia de la lateralidad

Ser consciente y capaz de nombrar el lado izquierdo y el derecho del cuerpo es una de las primeras experiencias con la realidad abstracta. Algunos adultos con frecuencia tienen dificultades para diferenciar la izquierda de la derecha; asegúrate de que tu hijo pueda hacerlo. Desde el momento en que nace el bebé, nómbrale el lado del cuerpo que estás tocando: «Estoy masajeando tu brazo izquierdo», «Estoy acariciando tu mejilla derecha» y «Estoy tirando del dedo gordo de tu pie derecho».

MIND MOVES: MASAJE

El niño está de pie erguido y extiende sus brazos a 90° a los lados del cuerpo. Colócate detrás del niño y, con firmeza, traza el perfil de su cuerpo desde la cabeza hasta los dedos de los pies. Sujeta sus pies contra el suelo durante un momento antes de repetirlo de nuevo tres veces. Sigue con «Arriba brillando» como rutina todos los días.

MIND MOVES: MARCHA BILATERAL

Enseña a tu hijo lo que ha de hacer para que una mano toque la rodilla opuesta.

MIND MOVES: ARRIBA BRILLANDO

Extiende los brazos en cruz mientras inspiras lenta y profundamente, después cierra los brazos sobre el pecho en un abrazo, expirando lenta y profundamente. Este movimiento es especialmente tranquilizante para tu hijo si tú le abrazas al mismo tiempo desde detrás.

ATRAPAR LA BOLSA

Haz que tu hijo coja una bolsa de alubias cruzando su línea media. Él se mantiene de pie a 2 m de ti. Tiras la bolsa hacia su mano izquierda, pero debe cogerla con su mano derecha. A continuación tírale la bolsa hacia su mano derecha para que la coja con su mano izquierda.

ENSÉÑAME TU...

Ponte de pie frente al niño y dale instrucciones: «Enséñame tu... mano derecha»; sigue con el pie izquierdo, el dedo gordo del pie derecho y la oreja izquierda; por ejemplo.

TÓCATE...

Juega a «Tócate...» diciendo lo siguiente:
- «Tócate el tobillo derecho con el dedo pulgar izquierdo».
- «Tócate el codo izquierdo con el dedo medio derecho».
- «Tócate la rodilla derecha con el dedo pequeño del pie izquierdo».

¿SABÍAS QUE...?

• El cuerpo humano está formado por agua en un 60-80 %. • Pierdes una media de 2,4 litros de agua cada día a través de la transpiración, la excreción y la exhalación. • Tu cerebro es agua en un 85 %; razón por la cual necesitas beber más agua y menos zumos y bebidas refrescantes.

PENSAMIENTO LÓGICO Y RESOLUCIÓN CREATIVA DE PROBLEMAS

El niño necesita analizar críticamente y pensar lógicamente para organizar lo que ve, toca, degusta, oye y huele, para poder entender su mundo y resolver problemas de forma creativa en la vida diaria.

A medida que se desarrolla la habilidad de tu hijo para pensar y resolver problemas, se desarrolla su habilidad cognitiva al igual que su inteligencia medible. A través de la experiencia y experimentación físicas, aprende que puede resolver problemas analizando y comparando. También recurre a las soluciones que utilizó en el pasado para encontrar la que funcionará mejor ahora. Cuando un niño derrama zumo, puede recordar que otra vez que le pasó utilizó un trapo para limpiarlo, pero en otra ocasión dejó que el sol lo secase. Estas comparaciones le dan opciones para escoger. Para desarrollar destrezas críticas y creativas de resolución de problemas, el niño necesita la oportunidad de:

tocar • explorar • descubrir • nombrar • describir • recordar • comparar • clasificar • agrupar • preguntar • explicar • evaluar

ACTIVIDADES

MADRE, ¿PUEDO?

Se trata de un juego de interior, en el que un jugador hace de madre y los demás son los hijos. Para empezar, la madre está en un extremo de la habitación y de espaldas a los hijos que se colocan en línea al otro extremo de la habitación. Por turno los hijos preguntan: «Madre, ¿puedo…?» y sugieren un movimiento, por ejemplo: «Madre, ¿puedo dar cinco pasos hacia delante?». La madre puede contestar «Sí, puedes», o bien «No, no puedes, pero en vez de eso puedes…», y hace su propuesta. Los hijos suelen moverse acercándose a la Madre, pero pueden ser mandados a alejarse. La Madre no sabe lo cerca o lejos que están los hijos, y los pasos de unos pueden ser más largos que los de otros, por ello alguno puede llegar hasta la Madre el primero; que será el que gana el juego. Ese niño entonces será la Madre y esta pasará a ser un hijo más para comenzar otro juego.

Algunas sugerencias acerca de lo que cabe en los puntos suspensivos de este juego «Madre/Padre/Capitán, ¿puedo…?»:
- ¿Dar dos pasos hacia delante?
- ¿Dar un paso gigante hacia delante?
- ¿Dar cuatro pasos de bebé hacia delante?
- ¿Saltar hacia delante como una rana tres veces?
- ¿Dar cinco pasos de cangrejo hacia delante?
- ¿Dar cinco pasos de Cenicienta (girar hacia delante con los brazos sobre la cabeza)?

Es conveniente que la primera vez mamá o papá sean «la Madre», así los niños cogen ideas sobre qué contestar.

Si los niños están llegando hasta la Madre demasiado deprisa, esta puede rechazar la petición de un niño, por ejemplo: «Madre, ¿puedo saltar dos veces hacia adelante?»; ella puede contestar: «No, no puedes; debes saltar dos veces pero hacia atrás».

También puede reducir la petición original del niño (por ejemplo reduciendo de cinco pasos de gigante a tres pasos de gigante), o hacer otra sugerencia como:
- ¡Da tres pasos hacia atrás!
- ¡Corre hacia atrás cinco pasos!
- ¡Camina hacia atrás hasta que yo diga, «basta»!

LOBITO, LOBITO, ¿QUÉ HORA ES?

Este juego es similar al de «Madre, ¿puedo…?», excepto que los niños cantan: «Lobito, Lobito, ¿qué hora es?» Si contesta «son las 3», los niños avanzan tres pasos. El objetivo es llegar hasta Lobito antes de que él diga: «¡Hora de cenar!» y entonces se vuelva y persiga a los niños. El niño al que coja será entonces Lobito.

EL LEÓN DORMIDO

Un niño es el león y se tumba en el suelo con los ojos cerrados, como si estuviese dormido. Los otros niños (uno o dos), son cazadores y se mueven por la habitación intentando que el león se ría. Los cazadores no pueden tocar al león, pero se pueden acercar bastante y contarle chistes o hacerle sugerencias tontas para forzarle a moverse.

«El león dormido» se utiliza también en la escuela como un ejercicio en el que todos los niños son leones y el profesor es el cazador. Normalmente, el profesor no trata de que los leones se muevan, ya que la finalidad del juego, en este caso, es calmar a los niños después de jugar a otros juegos que les hayan excitado.

PIEDRA - PAPEL - TIJERA

Es un juego con las manos que se juega entre dos niños. Comienzan cantando «piedra-papel-tijera», y rápidamente imitan con su mano una piedra, un papel o unas tijeras. Gana el que muestra la elección más fuerte: las tijeras pueden cortar el papel, el papel puede envolver la piedra y la piedra puede machacar las tijeras. Este juego se utiliza a menudo como una manera de escoger, lo mismo que se tira una moneda al aire, se extraen pajitas o se tiran los dados.

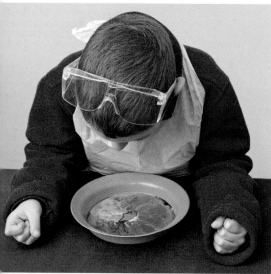

EXPERIMENTANDO LAS ABSTRACCIONES

Para desarrollar destrezas de resolución crítica y creativa de problemas, el niño necesita:
• Tocar y explorar • descubrir • nombrar • describir • recordar
• comparar • clasificar • agrupar • preguntar • explicar • evaluar.

Divertirse con las ciencias

Cuando mamá y papá hacen sencillos experimentos científicos con su hijo, este descubre
aprende que puede pensar de forma lógica, crítica y analítica. Cuando el mismo niño, año
más tarde en secundaria, tenga que estudiar ciencias, estará dispuesto y entusiasmado er
vez de asustado y con miedo, puesto que recordará esos primeros experimentos y lo
divertida que es la ciencia.

ACTIVIDADES

Los experimentos que se describen en esta sección pueden ser realizados con
niños de todas las edades. Adapta la complejidad y la información en tus
explicaciones a la edad del niño y a su nivel de interés. En esto, como en todo lo
demás, es importante que dejes al niño tomar parte en los experimentos de
forma autónoma. Compra unas gafas de protección y delantales desechables
para proteger los ojos y las ropas del niño y para asegurarte de que los posibles
incidentes no importen. Trabaja sobre una superficie que sea fácil de limpiar y
céntrate en la diversión, en jugar y descubrir.

VOLCÁN DE LECHE

Para un niño de tres años, un volcán
de leche es magia pura, y no hace
falta más para fascinarlo. Deja que el
niño vierta la leche y añada colorante
y líquido lavavajillas. Niños algo
mayores querrán saber algo más y
aquí es donde los padres pueden
decidir qué información adicional
deben dar.

CÓMO HACERLO. Vierte leche en un
plato hasta cubrir el fondo. Echa gotas
de tres colorantes alimentarios de
diferente color en el plato, pero cerca
del borde para que formen un
triángulo. En el centro pon una gota de
líquido lavavajillas y contempla la cara

de tu niño cuando empiece la magia.
La leche es agua en más del noventa
por ciento. Las pequeñas partículas del
agua, concretamente las moléculas
del agua, se pegan unas a otras (a esto
lo llamamos tensión superficial).

Al añadir el líquido lavavajillas, el
jabón rompe la unión entre las
moléculas del agua. Mientras las
moléculas del agua tienden a juntarse
de nuevo, el jabón las separa unas de
otras creando así el movimiento de
colores que vemos.

PASTA DE DIENTES PARA ELEFANTES

Paul Snyman de Experilab, que ofrece talleres de ciencia divertida para niños pequeños, muy dramáticamente explica a los niños que los elefantes no se pueden lavar los dientes con pasta de dientes normal sencillamente porque los tubos de pasta son demasiado pequeños. Así, pues, él les enseña a preparar pasta de dientes para elefantes. Aquí, de nuevo, para los más pequeños es más que suficiente el asombro que les produce la magia que presencian; mientras que niños algo mayores pueden recibir más información de lo que está ocurriendo realmente. Deja que sean los mismos niños quienes te indiquen cuánta información debes compartir con ellos.

CÓMO HACERLO. A unos 50-100 ml de peróxido de hidrógeno (que se adquiere en farmacias), añade dos chorritos de líquido lavavajillas y una amplia cantidad de colorante alimentario. Deja que los niños elijan qué color de pasta de dientes quieren fabricar. Vierte la mezcla en un vaso o en una botella de plástico transparente y coloca la botella en medio de una bandeja grande de plástico.

Disuelve una cucharilla de levadura seca en agua tibia y añádela a la mezcla. La levadura es el catalítico que inicia la reacción. El peróxido de hidrógeno no es más que agua con una molécula extra de oxígeno (H_2O_2). La levadura causa que el oxígeno extra se libere y junto con el líquido lavavajillas produzca la espuma que vemos. El peróxido de hidrógeno es peligroso, especialmente si la concentración es elevada, pero tras la reacción no queda más que agua y espuma. La reacción es exotérmica, es decir, que produce calor, por lo que los niños deben tener cuidado de no quemarse. Como se ha dicho, la botella debe ponerse sobre una bandeja grande que recoja toda la espuma.

LIMO (PRINGUE)

¿Puede un niño resistirse a una sustancia pringosa? Y cuando lo hacen ellos mismos CON el permiso de los padres, esto añade aún más diversión. Si se guarda en una bolsa de plástico, el limo puede durar bastante tiempo y el niño podrá jugar con él una y otra vez. Concédete el placer de contemplar la reacción en la cara de tu hijo cuando el limo empiece a tomar forma y pueda jugar con él. Escucha los comentarios y las descripciones que hace del limo; es muy divertido para los padres implicarse en esta actividad.

CÓMO HACERLO. El limo puede hacerse de diversas formas, pero la mejor es hacerlo con PVA (alcohol polivinilo). A 50 ml de líquido PVA, añádele bórax. El polímero PVA consta de cadenas que el bórax une de forma que da un polímero diferente que llamamos limo. El PVA se puede encontrar en algunas tiendas de manualidades o droguerías, el bórax puede comprarse en droguerías y farmacias.

NIEVE

La inmensa mayoría de los niños disfrutan con la nieve, pero en muchos lugares solo se tiene en algunas fechas del año o incluso muy raramente. Lo bueno es que puedes fabricarla e INCLUSO guardarla en el congelador para cuando los niños quieran volver a jugar con ella. Deja que los niños escojan cada uno el color de su nieve: es parte de la diversión.

CÓMO HACERLO. Utilizamos un tipo de polímero en polvo que absorbe mucha agua. A 10 ml de polímero añádele 140 ml de agua. A medida que el agua es absorbida por el polímero, las partículas de este aumentan de tamaño (hasta 40 veces su propio volumen). Para hacer la nieve un poco más alegre, añade al agua una gota de colorante. Si añades sal a la nieve, la sal la irá secando y haciéndola parecer como si se estuviese derritiendo. Este polímero se vende como Polímero de Nieve, Falsa Nieve o Nieve al Instante. Puede encontrarse en algunas jugueterías o droguerías.

POMPAS GIGANTES

Las pompas tienen una atracción única y a veces uno se pregunta quién se divierte más, si el niño o el padre. Con esta mezcla en particular, se pueden conseguir pompas gigantes que, al igual que las pequeñas, proporcionan horas de diversión.

CÓMO HACERLO. Para hacer pompas gigantes se añade una cantidad de gelatina a una mezcla concentrada de agua con jabón. Se hace un aro doblando un alambre grueso y se recubre con lana hasta que no quede metal a la vista. La lana se utiliza para absorber todo el jabón posible, de modo que se asegure una pompa gigante. En una bandeja redonda y bastante plana, echa suficiente mezcla para que cubra el fondo. Sumerge el aro en el líquido y retíralo suavemente, de modo que se forme una delgada película, lo mismo que sucede con las pompas pequeñas. Mueve el aro suavemente y de forma oscilante en el aire y observa cómo se forman las pompas.

Cuando ya domines el hacer pompas, puedes intentar hacer pompas dentro de otras pompas o coger pequeñas pompas con otras más grandes. Lo que tenemos aquí, es la «tensión superficial» funcionando de nuevo. Prueba tu propia mezcla para pompas experimentando con gelatina y líquido lavavajillas. Paul Snyman dice que aún no domina las cantidades correctas para las mezclas, pero en algunas tiendas de juguetes venden mezclas que funcionan muy bien.

Los niños necesitan modelos más que críticos.

JOSEPH JOUBERT

CONCLUSIÓN DEL LIBRO

David Feuerstein dice que el niño necesita un adulto cariñoso que le abra el mundo y le dé sentido. Todo lo que se requiere para desarrollar adecuadamente a un niño es:

- tiempo
- hacer cosas juntos
- muchos abrazos
- montones de ánimos y de reconocimiento
- hablar mucho el uno con el otro
- comentar experiencias
- muchas oportunidades para aprender acerca del mundo real
- abundante juego al aire libre
- aprender a DETENERSE.

Ten en cuenta que no es solo cuestión de tener un bebé o criar a un niño; estás moldeando una vida. Hazlo con conciencia y con el máximo cuidado. ¡Merece la pena!.

Si quieres que tus hijos salgan bien adelante, dedícales el doble de tiempo y la mitad del dinero que piensas que deberías dedicarles.

ESTHER SELSDON

ÍNDICE

REFERENCIAS

Abrahams, P. 2002. *The atlas of the human body*. UK: Amber books LTD.

Balaskas, J. 2004. *New Natural Pregnancy*. UK: Gaia Books.

Blakemore, S.J. & Frith, U. 2008. *The learning brain*. UK: Blackwell Publishing Limited.

Brack, J.C. 2004. *Learn to Move: Sensorimotor early childhood activity themes*. KS: Autism Asperger Publishing Company.

Carreiro, J.E. 2009. *An osteopathic approach to children*. UK: Churchill Livingstone Elsevier.

De Jager, M. 2011. *Brain development MILESTONES & learning*. Johannesburg: BabyGym Institute.

De Jager, M. 2007. *BabyGym*. Welgemoed: Metz Press.

Einon, D. 1999. *Learning early*. UK: Marshall Editions Dev LTD.

Eloit, L. 2000. *What's going in there?*. New York: Bantam Books.

Faure, M. R.ichardson, A. 2008. *Baby Sense*. Welgemoed: Metz Press.

Goddard Blythe, S. 2002. *Reflexes, Learning and Behaviour*. Oregon: Fern Ridge Press. (Trad. esp.: Goddard Blythe, S. 2005. *Reflejos, Aprendizaje y Comportamiento*. Barcelona. Vida Kinesiología S.C.C.L.).

Goddard Blythe, S. 2008. *What babies and children really need*. Gloucesterhire: Hawthorn Press.

Goddard Blythe, S. *The well balanced child*. Gloucesterhire: Hawthorn Press.

Grey M. 2009. *Sensible Stimulation*, Welgemoed: Metz Press.

Hall, D. 2005. *The human body*. UK: Grange Books.

Henig, L. *Raising emotionally intelligent children*. Florida:Smile Education Systems (PTY) LTD.

Herr, J. & Swim, T. 1999. *Creative resources for infants and toddlers*. NY: Delmar.

Hosking, A. 2007. *What nobody tells a new father*. Kwa-Zulu Natal: Intrepid Printers.

Johnson's, 2006. *Jou baba & peuter, van geboorte tot 3 jaar*. London: Dorling Kindersley Limited,.

Kitzinger, S. *The new pregnancy and childbirth*. London: Dorling Kindersley.

Klerk de, R. & le Roux, R. 2003. *Emotional intelligence for children and teens*. Cape Town: Human & Rousseau.

Landy, M.J. & Burridge, K.R. 1999. *Ready to use fundamental motor skills and movement activities for young children*. The Center for Applied Research in Education.

Lewis, H. 2011. *Fact finder*. Welgemoed: Metz Press.

Livingstone, T. 2005. *Child of our time*. Bantam Press.

Livingstone, T. 2008. *Child of Our Time: Early Learning*. London: Transworld Publishers.

Lombard, A. 2007. *Sensory intelligence*. Welgemoed: Metz Press.

Lubbe, W. 2008. *Prematurity – Adjusting your dream*. CTP Book Printers.

Macintyre, C & McVitty, K, 2004. *Movement and learning in the early years*. London: SAGE Publications Inc.

Macintyre, C. & Mcvitty K, 2004. *Movement and learning in the early years*. London: Paul Chapman Publishing.

Mandino, O.G. 1977. *The greatest miracle in the world*. New York: Bantam Books.

McCall, R. M. & Craft D. 2000. *Moving with a purpose*. Human Kinetics.

Murkoff, H. 2010. *What to Expect the 1st Year*. UK: Simon & Schuster LTD.

Nilsson, L. *A child is born*. Doubleday.

Occupational Therapy Ass. Watertown, 1999. *What is Sensory Integration?* Future Horizon.

Otte, T. 2005. *Pregnancy and birth*, Cape Town, New Holland Publishers.

Readers Digest, 2002. *Making the most of your brain*. London: Duncan Baird Publishers Limited.

Roberts, R. 2006. *Self-Esteem and Early Learning: Key People from Birth to School (Zero to Eight)*. London: Sage Publications LTD.

Roberts, R. 2010. *Wellbeing from birth*. London: SAGE Publications LTD.

Schaefer, C. & DiGeronimo, T.F. 2000. *Ages and Stages: A Parent's Guide to Normal Childhood Development*. John Wiley & Sons, Inc.

Sunderland, M. 2006. *The science of parenting*. London: Dorling Kindersley.

Wenham, A. 1980. *Lend a baby a hand*. London: William Heinemann Medical Books LTD.

West, Z. 2006. *Babycare before birth*. London: Dorling Kindersley Limited.